Inteligencia emocional & La ley de la atracción
- 2 libros en 1

Cómo manifestar tus deseos, aumentar tu percepción y aprender a entender los sentimientos

Elisabeth Ziegler

Tabla de contenido

Introducción 6
¿Qué es la inteligencia emocional? 8
Los 5 pilares de la inteligencia emocional 26
Competencias emocionales y sociales 45
La inteligencia emocional en 62
las áreas de la vida..62
Empatía 66
¿Cómo crear..83
las emociones y qué hacen? 83
El entrenamiento de los 88
sentimientos personales..88
Comprobación de las emociones y los sentimientos 94
El uso manipulador de las 99
emociones 99
¿Cómo puedes..102
enseñarle la inteligencia emocional a los niños? 102
8 consejos para aumentar la inteligencia emocional 105
Conclusión...108
Prefacio..112
La ley de la 114
Atracción..114

¿Qué es lo que extrañas de tu vida? ¡Consíguelo! 122

La ciencia y los 134

efectos en 134

nuestras propias energías 134

Estás haciendo un gran trabajo y eres 142

un creador 142

El poder del 146

Pensamiento 146

El poder de los 157

Sentimientos 157

Tu 161

subconsciente es la clave del éxito 161

Herramientas efectivas para salir de la negatividad 166

¿Cuál es la razón por la que la ley de la atracción no funciona después de todo? 182

¿Sabes lo que realmente estás buscando? 186

¿Lo deseas? 186

Hacer 189

ejercicios para ti mismo 189

Ayuda desde el exterior - otros métodos de tratamiento que pueden ayudarte 203

Consejos para recordar el entrenamiento diario 210

Palabras finales 211

Inteligencia emocional

El arte de leer a la gente

Cómo aprender a percibir, entender y controlar los sentimientos a través de la atención y la empatía

Elisabeth Ziegler

Introducción

¿Quieres aprender todo sobre el tema de la inteligencia emocional? ¿Quieres saber cómo aumentar tu competencia social, tu empatía y tu motivación? ¿Siempre quisiste aprender qué procesos en nuestro cerebro son desencadenados por eventos emocionales? ¡Entonces no apartes este libro de tu mano!

Daniel Goleman revolucionó el concepto de inteligencia con su libro "Inteligencia emocional". Durante siglos, la inteligencia humana se redujo a un coeficiente intelectual y las habilidades cognitivas de un ser humano. Hasta su publicación en los EE.UU. en 1995, el mundo de las emociones fue poco considerado por la investigación de la inteligencia. Hoy en día está claro: la inteligencia emocional puede ser tan decisiva para el éxito de una persona como el coeficiente intelectual. En tiempos de altos niveles educativos y de creciente actividad de los medios sociales, la inteligencia emocional puede incluso llegar a ser más importante que el clásico cociente de inteligencia. En la época de Goleman, la violencia juvenil aumentó dramáticamente. Su reacción a esto: ...era que las escuelas también debían enseñarte a lidiar con tus emociones. Así que los buenos estudiantes se convirtieron en mejores estudiantes. Estudiantes que más tarde se convirtieron en padres buenos y responsables porque su inteligencia emocional fue entrenada. Adultos que tuvieron éxito en sus carreras porque podían tratar con otras personas. Desde la publicación de este libro ha habido un gran revuelo sobre el "EQ" en Alemania. Hoy en día, todo el mundo está de acuerdo en que la inteligencia emocional es parte de la inteligencia humana como el cociente de inteligencia.

Hoy en día, la inteligencia emocional es una de las habilidades más importantes. Las personas emocionales tienen muchas ventajas en la vida: son más capaces de conflicto, más críticas, más resistentes al estrés y, sobre todo, mucho más exitosas en comparación con las personas que solo tienen un alto coeficiente intelectual. Y lo mejor es: ¡Con solo unos pocos pasos es posible aumentar su inteligencia emocional muchas veces! Aprende con la ayuda de este libro qué es la inteligencia emocional, cómo funciona y por qué es tan importante. Si realmente quieres cambiar tu forma de pensar, tendrás que enfrentarte a nuevos retos una y otra vez. Si lo haces, sentirás el éxito después de unas pocas semanas o meses - a nivel personal y profesional.

En este libro aprenderás importantes conocimientos de fondo sobre los 5 pilares de la inteligencia emocional y numerosos consejos prácticos que podrás aplicar en la vida cotidiana. Puedes usar preguntas de prueba para comprobar cuán alta es tu inteligencia emocional y encontrar instrucciones para un día emocional entero. Este libro te proporcionará todas las habilidades necesarias para que te sientas listo para entrenar tu inteligencia emocional por tu cuenta.

¡Conoce el mundo de la inteligencia emocional y espera un futuro exitoso!

¿Qué es la inteligencia emocional?

¿QUÉ ES INTELIGENCIA EMOCIONAL Y CÓMO FUNCIONA?

El término inteligencia emocional fue introducido por el psicólogo americano John D. Mayer. Junto con su colega Peter Salvoy, investigó la psicología de la personalidad, la psicología general y la inteligencia emocional en los años 90. Mayer atrajo la atención, por ejemplo, asignando a Adolf Hitler a categorías psiquiátricas. Años más tarde, el psicólogo Daniel Goleman recibió atención por su libro "Inteligencia emocional". El ensayo de los científicos Mayer y Salvoy, que anteriormente había recibido poca atención, adquirió así una importancia creciente.

El término inteligencia emocional describe una habilidad muy especial de un ser humano. Una persona emocionalmente inteligente puede percibir, interpretar, comprender e influir en sus propios sentimientos y en los de los demás. Por lo tanto, el término abarca principalmente el dominio por encima de la media de las relaciones interpersonales y la comprensión del mundo emocional humano.

La base de la inteligencia emocional era la teoría de la inteligencia según Howard Gardner: la llamada teoría de las inteligencias múltiples. Según Gardner, una prueba de inteligencia clásica ya no podía ser suficiente para reconocer y describir exhaustivamente todas las habilidades humanas. La inteligencia va más allá del mero conocimiento y se basa en varias inteligencias parciales. Describió estas inteligencias de la siguiente manera:

- Una inteligencia lingüística: Esta inteligencia aparece, por ejemplo, cuando los hablantes o los escritores utilizan el lenguaje para sus propios fines y en su beneficio. Poseen una sensibilidad muy especial para los efectos del lenguaje.

- Una inteligencia lógico-matemática: Esta inteligencia describe la capacidad de abordar los problemas de forma lógica y analítica y se utiliza principalmente en las ciencias naturales y la investigación.

- Una inteligencia pictórico-espacial: Los capitanes, pilotos o artistas gráficos, por ejemplo, poseen esta capacidad cuando tienen que percibir, reconocer y tratar con los espacios. También describe el sentido de las estructuras.

- Una inteligencia músico-rítmica: Esta inteligencia describe un talento musical. Esto incluye el sentido del ritmo y el tacto, esta habilidad es particularmente importante para los músicos, pianistas y orquestas.

- Una inteligencia de movimiento físico: Esta inteligencia es utilizada principalmente por atletas o bailarines que entrenan y usan sus cuerpos para un propósito específico.

- Inteligencia naturalista: La inteligencia naturalista describe la capacidad de reconocer, observar y diferenciar y es utilizada a menudo por los investigadores del medio ambiente y los veterinarios.

- Inteligencia interpersonal: Esta inteligencia describe, por así decirlo, la capacidad de empatizar e influir en las emociones, como es importante, por ejemplo, para los maestros, los psicoterapeutas o en las profesiones de la salud.

- La inteligencia intrapersonal: Esta inteligencia describe la capacidad de comprender los propios estados de ánimo, emociones y sentimientos, como es importante para los escritores, actores y artistas, por ejemplo.

Como ya sabrán, la inteligencia emocional consiste principalmente en la inteligencia interpersonal e intrapersonal.

¿POR QUÉ LA INTELIGENCIA EMOCIONAL ES TAN IMPORTANTE?

La inteligencia emocional trae enormes ventajas en tu vida profesional y privada. Toda persona que mantenga relaciones interpersonales, tenga un trabajo o viva en una comunidad (ya sea una comunidad o una familia que comparta un piso) debería aprender los fundamentos de la inteligencia emocional.

Como se verá en capítulos posteriores, los elementos básicos de la inteligencia emocional son requisitos previos importantes para la popularidad, el aprecio y la integración en una comunidad o grupo. La inteligencia emocional también tiene una influencia decisiva en tu éxito profesional y privado. Después de todo, ¿quién quiere vivir o trabajar con gente que no puede tratar con otras personas? Sin un cierto nivel de inteligencia no sobrevivirías a una entrevista de trabajo. La familia y los amigos también te darían la espalda. Esto significa que hay un poco de inteligencia emocional en cada persona. Pero si lo aumentas al máximo, tendrás un efecto muy positivo en tu vida.

Especialmente hoy, en tiempos de agitación, las habilidades emocionales están siendo promovidas más que nunca. Además del intelecto, otras cualidades forman la base para dominar la vida laboral diaria: las llamadas habilidades blandas. El tema de los sentimientos y las emociones es cada vez más importante en todos los ámbitos de la vida.

En el trabajo, la inteligencia emocional es particularmente importante para los gerentes. La inteligencia emocional es una de las calificaciones de liderazgo más significativas. Esto se debe a que la inteligencia emocional tiene una influencia significativa en la resistencia de una persona. Quien es emocionalmente inteligente es, por lo tanto, más resistente e inmune al estrés. Un jefe emocionalmente inteligente también puede ser una gran ventaja para el equipo. Particularmente en la vida profesional, puede suceder que tengas que trabajar con una gran variedad de personalidades. Cada miembro del equipo tiene sus propias necesidades y reacciona de forma diferente a las situaciones. Manejar esto puede ser difícil si no tienes inteligencia emocional. Por otro lado, si el jefe transmite confianza, espíritu de equipo y motivación y reacciona con empatía a las diferentes situaciones de la vida y personalidades, esto tiene una fuerte influencia en la cohesión del equipo. Se ha demostrado científicamente que la productividad y la motivación de los empleados aumenta enormemente cuando el equipo tiene un líder emocionalmente inteligente que mantiene al equipo unido y crea una buena base para una cooperación exitosa.

La inteligencia emocional también puede traer innumerables ventajas en la vida privada. Todos nosotros nos hemos encontrado en una situación en algún momento u otro en la que no sabíamos cómo actuar o reaccionar. Como persona emocionalmente inteligente, puedes confiar en tu intuición, y normalmente actuar correctamente. La convivencia con personas emocionalmente inteligentes aumenta enormemente nuestra calidad de vida. De este modo, puedes tener una influencia decisiva en la vida de tus semejantes. Mientras que algunas personas desarrollan emociones negativas debido a la falta de apoyo o empatía de los miembros de la familia o los amigos, las personas que están rodeadas de personas emocionalmente inteligentes son mucho más enérgicas y felices. Y esto a su vez crea un ambiente de vida positivo. De esta manera, te vuelves más satisfecho y más eficiente.

LA DIFERENCIA ENTRE EQ E IQ

Ya en el primer capítulo se ha aprendido que, según los últimos hallazgos, el conocimiento por sí solo no constituye la inteligencia de una persona. John D. Mayer fue el primero en distinguir la inteligencia emocional de la inteligencia convencional.

El cociente de inteligencia describe la capacidad de retención de una persona, su comprensión lógica y analítica y su pensamiento, así como la velocidad con la que puede trabajar en las tareas. El coeficiente intelectual se determina con la ayuda de una prueba y luego se clasifica en una categoría. La persona se compara dentro de un grupo de referencia, que puede ser específico para la edad o la clase escolar, así como específico para los niveles educativos. Se utiliza una muestra suficientemente grande para calcular un valor medio suponiendo una distribución normal. La mayoría de la gente tiene un coeficiente intelectual entre 85 y 115. El promedio es de 100, así que si tienes un coeficiente intelectual por encima de 100, eres más inteligente que el promedio. Con un coeficiente intelectual de 120, se te considera altamente dotado.

El concepto de Inteligencia Emocional está lejos de ser tan predecible y claro como el de Inteligencia Emocional. El término Inteligencia Emocional (EQ) fue desarrollado en realidad solo para mostrar que el EQ - es decir, la inteligencia emocional - es un complemento del IQ - el concepto convencional de la inteligencia. Sin embargo, no es un cociente calculable. Sin embargo, añade algunas competencias básicas para la comprensión de la inteligencia humana: la autorregulación, la autopercepción, la empatía, la motivación y las habilidades sociales. Puedes aprender más sobre estos 5 pilares de la inteligencia emocional en el capítulo "Los 5 pilares de la inteligencia emocional".

¿PUEDE MEDIRSE EL EQ?

En contraste con el cociente de inteligencia normal, la inteligencia emocional es muy difícil de medir. Es algo que no puede ser medido con la mente. De hecho, es inexplicable y sobre todo, numéricamente intangible. Solo se puede medir el EQ por diferentes criterios y deducir cuán alta es su inteligencia emocional. Puedes encontrar estos criterios en el capítulo "¿Cómo reconozco a una persona emocionalmente inteligente?"

¿PUEDES RECONOCER LA INTELIGENCIA DE APRENDIZAJE EMOCIONAL?

La inteligencia emocional no es una habilidad innata. Nuestra práctica en las relaciones interpersonales y nuestra personalidad influyen en la forma en que interactuamos con otras personas. Los neurocientíficos han descubierto que las personas que tienen un contacto constante con otras personas se vuelven cada vez más inteligentes emocionalmente. Esto se debe a que se forman nuevas conexiones nerviosas durante la frecuente comunicación humana. Cuanto más a menudo se busca el contacto con otras personas, se habla con ellas y se hacen cosas con ellas, más conexiones se forman. Nuestro cerebro aprende, como con otras cosas, a tratar con la gente.

Pero esto también funciona al revés. Cuando ya no usamos las conexiones nerviosas, es decir, cuando ya no estamos en contacto con la gente, las conexiones mueren o se marchitan. Así que cuanto menos usamos nuestra inteligencia emocional, más débil se vuelve. Esto se puede imaginar de la siguiente manera: Una persona solitaria sin amigos o familia se sienta sola en su apartamento día tras día. En el trabajo, programa todo el día en su computadora sin interacción humana. Así que no tiene personas de referencia que le digan lo que está bien o mal. Como no interactúa socialmente, sus conexiones nerviosas están atrofiadas y por lo tanto su sensibilidad y expresividad apenas están presentes. Como no tiene a nadie que sea importante para él, no teme a las consecuencias. ¿A quién podría decepcionar? No hay nadie en su entorno que pueda enseñarle y señalar su mala conducta. Tampoco hay nadie que le enseñe a actuar correctamente. Literalmente ha olvidado cómo ser empático y educado. Es particularmente difícil romper este círculo vicioso. Una vez que las conexiones nerviosas se han atrofiado, hay pocas oportunidades de interacción social. A menudo sucede que uno simplemente parece demasiado antipático para ganarse a alguien nuevo. Casi nadie quiere tener nada que ver con una persona grosera y desagradable. Así que no hay posibilidad de que otras personas señalen su mal comportamiento en el futuro y más y más conexiones nerviosas mueren.

Después de este capítulo ya sabes: "La práctica hace la perfección". Es posible aprender la inteligencia emocional. Los factores más importantes son la práctica regular y la aceptación de los retos. Cuando te pones en diferentes situaciones, puedes adquirir patrones de comportamiento y siempre sabes cómo actuar. En el capítulo "8 Consejos para aumentar tu inteligencia emocional" aprenderás cómo entrenar mejor tu inteligencia emocional.

CÓMO NUESTRAS ACCIONES Y DECISIONES SON INFLUENCIADAS POR LAS EMOCIONES

Las emociones son un componente importante de nuestro sistema humano en general. En diferentes situaciones parecen simplemente elevarse dentro de nosotros sin que los llamemos activamente. Ya sea el afecto, la alegría, la ira o la tristeza, las emociones son un gran secreto que no podemos controlar activamente. Mucha gente conoce situaciones en las que uno reacciona de manera particularmente emocional: Cuando una presentación comienza en unos minutos, uno está nervioso y excitado. El corazón late en el pecho, la adrenalina fluye por las venas y las manos empiezan a sudar. Incluso antes de los exámenes estamos paralizados. Pero el estado de peligro en el que entra el cuerpo en situaciones tan extremas nos hace más eficientes. Las emociones centran nuestra atención, influyen positivamente en nuestro pensamiento y nos preparan físicamente para un estado de emergencia. Nuestro ritmo cardíaco aumenta, la presión arterial se eleva y así mejora el suministro de sangre en los músculos y se liberan hormonas. Debido a la evolución, nuestro cuerpo nos prepara para dos opciones de acción: Pelea o huye. Sin embargo, como difícilmente podemos huir de una prueba, normalmente nos enfrentamos a la lucha.

La emoción más intensa es el miedo. También es la emoción más estudiada. Cuando se desencadena, reaccionamos con nuestro comportamiento (postura o expresiones faciales), desencadenando una reacción física (sudor o temblor). La emoción domina nuestra cognición. Especialmente los estados de ansiedad - es decir, las emociones negativas - deben ser analizados con nuestra mente para que no se produzca ninguna acción negativa.

Pero estas emociones, que conscientemente percibimos–como miedo, ira, tristeza o alegría–, son solo la punta del iceberg. Salen a la superficie en situaciones extraordinarias. Muchos procesos emocionales permanecen ocultos. Normalmente apenas notamos cómo nos influyen a nosotros y a nuestras decisiones.

Las emociones aseguran que reaccionemos rápida y correctamente. Hay una razón por la que deberías escuchar tu instinto y no tomar decisiones puramente racionales. Solo a través de nuestras emociones podemos evaluar correctamente las situaciones y tomar las decisiones correctas. Con las emociones, todas las experiencias de una persona se recuerdan en un tiempo muy corto y se toma una decisión sobre la base de esas experiencias. En este procedimiento se tienen especialmente en cuenta las experiencias emocionales, porque nos han formado. Probablemente también recuerdes tu primer beso mucho mejor que el material de matemáticas del décimo grado. Las experiencias emocionales están especialmente ancladas en nuestra memoria. Son la base de nuestra intuición y nuestros impulsos para la acción. Y la naturaleza no habría dotado a la humanidad de emociones si no satisficieran las necesidades evolutivas. Desde un punto de vista biológico, las emociones son el vínculo entre nuestra percepción y la acción posterior. Las emociones ancladas en el subconsciente están en constante intercambio con la parte racional y consciente de nuestro cerebro y son al menos tan importantes. Por consideraciones analíticas no resultan automáticamente decisiones razonables y correctas. Están influenciados por nuestra riqueza de experiencia y por lo tanto nuestras emociones. Los investigadores de la Universidad de Harvard también han descubierto que dos procesos corren paralelos a una decisión subconsciente: Sopesando los riesgos involucrados y qué decisión promete el mayor éxito. Así que, en resumen, hay una reacción emocional y racional. Sin embargo, la reacción emocional ocurre dos veces más rápido que la reacción racional. Ya 220 a 260 milisegundos después del impulso, hemos decidido si queremos algo o no basándonos en nuestras emociones. Solo 480 a 640 milisegundos después del impulso desencadenante, nuestra mente se pone en marcha y racionaliza, calcula y verifica.

Si imaginas que vives en la edad de piedra y escuchas un fuerte rugido, tus emociones, basadas en la riqueza de tu experiencia, te harán huir rápidamente. Sin las emociones, puede que aún estés pensando en qué raza podría ser este tigre para clasificar lo peligroso que es. Reacciones espantosas a una bocina en la acera o reacciones desagradables que nos impiden tocar cosas que pueden causar enfermedades también pueden salvar nuestras vidas. En resumen, si no tuviéramos emociones, nuestra intuición y la toma de decisiones espontáneas se verían inhibidas y obstaculizadas. Así que nuestra toma de decisiones es co-dirigida por el sistema límbico, que es el centro de las emociones e impulsos y es responsable de la liberación de muchas hormonas. De esta manera tomamos el 99% de nuestras decisiones de forma inconsciente - esto significa que nuestras emociones controlan casi toda nuestra vida y nuestras decisiones. Si puedes entender tus emociones y eres consciente de tus sentimientos, posees una de las habilidades más importantes para el éxito. La mayoría de los problemas y conflictos no pueden ser resueltos con la lógica racional solamente. Sin las emociones involucradas en los procesos de pensamiento, a menudo actuarías de forma inapropiada. Por lo tanto, la "corazonada" suele resultar más sensata y más acertada a largo plazo que una decisión basada únicamente en la razón.

Sin embargo, las emociones no son garantía de una buena decisión. Si no controlas tus emociones, puede suceder que los impulsos se vuelvan exuberantes. Por ejemplo, algunas personas se ven tentadas por el poder de sus emociones a endeudarse o a comprar bienes de consumo superfluos. En este caso es muy probable que caigan en los trucos de comercialización manipuladora de la industria de consumo. Aquí es donde el llamado efecto de encuadre a menudo entra en juego. Si se le informa de manera diferente sobre el mismo hecho, las personas suelen tomar decisiones diferentes. Y, por supuesto, los especialistas en marketing conocen todos los trucos para hacer que los consumidores gasten innecesariamente. Incluso entrar en relaciones perjudiciales es una consecuencia de una decisión emocional. Esta es también la razón por la que en muchos países el homicidio o el asesinato en el calor del momento tiene una sentencia más leve que un asesinato normal, aunque ambos requieren una vida humana.

También es frecuente que intentemos usar nuestro intelecto para justificar una decisión impulsiva y emocional. Por ejemplo, cuando comemos un trozo de chocolate. Sentimos la necesidad de comer este chocolate y luego justificamos esto con nuestra mente: Está bien, voy a ir al gimnasio esta noche de todos modos. El hombre tiene una necesidad interna de tener siempre la razón, así que tendemos a engañarnos todo el tiempo. Así que sé consciente del efecto de tus emociones. Así que usa tu inteligencia emocional para entender y controlar tus emociones y así influir positivamente en tu toma de decisiones.

¿CÓMO PUEDES RECONOCER A UNA PERSONA INTELIGENTE EMOCIONALMENTE?

Para ver cuán alta es su inteligencia emocional, puedes someterte a una autocomprobación. También puedes aplicar las siguientes preguntas a amigos y conocidos para averiguar lo emocionalmente inteligentes que son. ¿Qué opinas: cómo evalúas tu competencia en el trato con otras personas? Si puedes responder a la mayoría de las siguientes preguntas con un "sí", tu inteligencia emocional es probablemente muy alta y eres bueno tratando con la gente.

- Tengo un buen conocimiento de la naturaleza humana y raramente cometo errores con las personas

- Puedo mantener la calma incluso en situaciones estresantes y no pierdo inmediatamente los nervios.

- Soy tolerante con otras personas, personalidades y culturas y no tengo prejuicios

- No es difícil para mí disculparme por algo que hice mal.

- Puedo evaluar rápidamente a una persona bien, incluso si no lo he visto desde hace mucho tiempo.

- Puedo resolver bien los conflictos o resolver las disputas

- Soy una persona de confianza. A menudo se me confían secretos o cosas privadas.

- Siempre soy honesto con otras personas

- Puedo escuchar bien a los demás y no siempre tengo que hablar de mí mismo.

- Soy bueno haciendo compromisos y soy bueno tratando de no salirme con la mía.

- Puedo comunicar bien mis preocupaciones y problemas

- Siempre soy educado y servicial.

- No estoy resentido y puedo pasar rápidamente por alto los errores de otras personas

- Soy bueno para las charlas.

- Si es necesario, puedo tomar medidas coherentes

- Otras personas me respetan a mí y a mi autoridad

- Puedo entender las emociones y necesidades de otras personas

- Soy bueno trabajando en equipo y haciendo que las cosas avancen

- Puedo decir de un vistazo si una persona está bien o mal...

- Tengo confianza en mí mismo
- Soy bueno manejando la crítica justificada y constructiva
- Conozco mis límites y también puedo decir "no".
- La mayoría de las personas se sienten cómodas en mi presencia, se ríen mucho y disfrutan de estar conmigo.
- Puedo motivar a otras personas e inspirarlas para cosas
- Puedo concentrarme en la solución del problema en una discusión fuerte y no me sumerjo en la ira
- Soy popular, la gente básicamente me quiere.
- Me quedo tranquilo cuando alguien trata de provocarme.
- Puedo prever cadenas de reacción de otras personas
- Puedo animar a la gente.
- Raramente me altero
- Conozco mis sentimientos y reacciones
- Encuentro mi rumbo en los países extranjeros rápidamente
- Puedo convencer rápidamente a la gente sobre mí (por ejemplo, a las personas o a los suegros)
- A veces me siento abrumado cuando leo o escucho sobre personas en situaciones de emergencia, porque soy muy sensible a sus sentimientos
- No juzgo a la gente por lo que hace.

- Tengo un fuerte vocabulario emocional y puedo expresarme de forma diferenciada (por ejemplo, en lugar de algo malo: frustrado, irritado, reprimido, preocupado)

- Tengo curiosidad por las cosas nuevas y por otras personas

- Puedo aceptar bien el cambio

- Conozco mis fortalezas y debilidades

Si puedes afirmar la mayoría de estos criterios, probablemente perteneces a un grupo de personas con una alta inteligencia emocional. Las personas emocionalmente inteligentes son generalmente muy fáciles de identificar. A menudo tienen un carisma especial y una atracción mágica. Tal vez puedas pensar en una persona de tu entorno, lo más probable es que sea una persona que te guste mucho. Las personas emocionales son muy populares y sientes la necesidad de hacer amigos y confiar en ellos.

Las personas emocionalmente inteligentes son capaces de comunicarse y controlar sus sentimientos de forma auténtica y directa. También son sensibles a los sentimientos y emociones de los demás. Son capaces de influenciar a otras personas y, por ejemplo, de sentir y controlar el estado de ánimo en la habitación. Tienen una gran influencia en otras personas porque tienen una sensibilidad especial y todo el mundo confía en ellos.

Las habilidades de la inteligencia emocional también incluyen el control social y emocional. El control social significa que uno puede adaptarse y ajustarse a diferentes situaciones, personas y culturas muy rápidamente. El control emocional, por otro lado, significa que puedes adaptarte y controlar tus propios sentimientos. Las personas emocionalmente inteligentes, por ejemplo, muy raramente tienen berrinches agresivos porque pueden controlarse mejor.

Los 5 pilares de la inteligencia emocional

La inteligencia emocional de una persona consiste en cinco bloques de construcción básicos que son indispensables. Se influyen mutuamente y dependen en parte unos de otros. Son la capacidad de empatizar, la autorregulación, la autopercepción, la motivación y la competencia social. En este capítulo aprenderás todo sobre de qué están hechos los cinco pilares de la inteligencia emocional y cómo puedes mejorarlos y aplicarlos en tu vida.

AUTOPERCEPCIÓN

La conciencia de sí mismo significa sentirse, percibir y comprender tus necesidades. El concepto de autopercepción está relacionado con el concepto de atención y conciencia. Solo aquellos que se conocen a sí mismos, que pueden percibir sus necesidades y sentimientos, pueden ser emocionalmente inteligentes. Para ello, debemos ser conscientes de quiénes somos, lo que queremos y cómo afectamos a los demás. Si quieres aumentar tu autopercepción, tienes que estar preparado para mirar un poco más profundo en ti mismo. Para ello es importante no centrarse exclusivamente en los factores externos y tomarse tiempo para uno mismo. Porque especialmente en la era digital de hoy en día es difícil encontrar la paz. Cada día estamos expuestos a miles de estímulos que ahogan nuestra voz interior. A menudo empezamos a desplazarnos por Instagram o a revisar nuestros correos justo después de despertarnos. Conduces al trabajo y tu cabeza está en otra parte. Por la noche, nos dejamos caer en el sofá y vemos series hasta que nos vamos a la cama. Lo que sigue es una inquietud interior, inquietud y signos de depresión. No tenemos más tiempo para nuestra autopercepción. Sin embargo, es lo más importante para mantener nuestra personalidad.

Aprieta el interruptor y dedícate unos minutos de tu tiempo todos los días. Puede ser un desafío escucharse a sí mismo. Por lo tanto, debes crear todas las condiciones para encontrar la paz y poder pensar en sí mismo sin ser molestado. La mejor manera de hacerlo es desarrollar una rutina. Ve a un lugar tranquilo y pon tu teléfono móvil fuera de alcance. Durante este tiempo no debes ser molestado por nadie. Aprende que es para retirarse y encontrar un momento de paz. Entonces empieza a pensar en tu vida. Puede que no lo hayas hecho durante mucho tiempo, en este caso, el pensamiento puede abrumarte tanto que desees volver rápidamente al mundo de la distracción. Ahí es fácil, pero ahí te vuelves infeliz. Deja que todos los pensamientos pasen por tu cabeza sin filtrar y pregúntate qué hay en tu mente. ¿Qué problemas hay en tu vida ahora mismo? ¿Cuál es su situación actual de vida? ¿Qué quieres cambiar? Cuestiona todo. Por ejemplo, si quieres un coche nuevo, cuestiona tu adicción al consumo. Si anhelas un ex-compañero, cuestiona esto. Esta conciencia es un gran paso hacia la autopercepción. Si estás pensando en ti mismo, las siguientes sugerencias pueden ser útiles:

- ¿Cuál es mi entorno profesional y privado y cómo lo percibo?

- ¿Cuáles son las personas más importantes en mi vida y por qué?

- ¿Qué habilidades tengo?

- ¿Uso mis habilidades?

- ¿Qué recursos están disponibles para mí y cómo los uso?

- ¿Cuáles son mis creencias?

- ¿Qué es importante para mí?

- ¿Cuál es mi papel en nuestra sociedad?

Tu propia percepción debe ser siempre neutral y objetiva. Esto puede ser difícil para algunas personas. Las personas con una baja autoestima tienden a subestimarse a sí mismas, mientras que las personas con una alta autoestima a veces se sobreestiman a sí mismas y a sus capacidades. Así que trata de ser lo más realista posible y no juzgues. No concluyas. No dejes que las valoraciones externas te influyan. Considérate neutral y descriptivo.

Un diario también puede ser un método útil para lograr una mayor autopercepción. Sirve para revisar el día y para percibir conscientemente todas las cosas. Puedes preguntarte: "¿Cómo me sentí?". Cuestiona tus acciones y percibe incluso los pequeños momentos de la vida cotidiana.

También puedes lograr esta conciencia a través de la meditación o ejercicios de respiración. La meditación no significa necesariamente la meditación convencional, sino que también puede significar un paseo o una posición de descanso relajada. Deberías simplemente dejar que tus pensamientos vaguen. Dirige tus pensamientos por un momento solo a ti mismo y a tu entorno. Debes estar atento a los sonidos y a los olores. Usa este tiempo para escuchar en tu interior.

El deporte también es una oportunidad que puedes usar para encontrarte a ti mismo. Cuando te mueves, las tensiones internas se reducen y las endorfinas se liberan. Eso significa: El deporte te hace feliz. Especialmente los deportes individuales como el footing o el ciclismo te permiten relajarte y pensar sin ser molestado. Al mismo tiempo, satisface tu necesidad de equilibrio físico. Si no encuentras tiempo para hacer deporte, deberías aprovechar cualquier oportunidad para hacer ejercicio, ya sea para ir al médico o al panadero. Siempre hay una oportunidad para subir escaleras o correr.

La autopercepción también significa comprender tus necesidades y comunicarlas directamente. Defiéndete y no te escondas detrás de declaraciones vagas. Dile a tu compañero de conversación cómo te sientes y qué quieres de él o ella. En lugar de provocar una situación clásica de ataque/defensa, debería comunicarte directamente.

AUTORREGULACIÓN

La autorregulación es una habilidad que te permite resistir las necesidades, impulsos o deseos a corto plazo. En el primer momento, este concepto en realidad solo hace pensar en la renuncia y la disciplina excesiva. Pero la autorregulación está estrechamente relacionada con el concepto de autocontrol - y es enormemente importante para tu inteligencia emocional. La capacidad de paciencia y de renuncia te dará satisfacción a largo plazo y te fortalecerá. Pero también el control de las emociones en los extremos como las derrotas, los golpes del destino o las grandes pérdidas pertenece al campo de la autorregulación. Con un cierto grado de autocontrol se pueden superar los sentimientos negativos como la frustración y la tristeza y regular el mundo emocional. El autocontrol también juega un papel importante en el logro de sus objetivos. Con él puedes, por ejemplo, reducir tus calorías o acabar con las adicciones. La diligencia y la disciplina también son esenciales en el proceso de aprendizaje. Según un estudio psicológico en los EE.UU., la diligencia y la disciplina en la escuela y en la universidad son dos veces más importantes que la inteligencia sola.

La autorregulación puede ser beneficiosa en varias áreas. Si puedes controlar y regular tus emociones, puedes lidiar mejor con el estrés y la frustración. Las provocaciones y los conflictos también pueden evitarse mejor. Mucha gente deja que sus colegas o similares los hagan enojar y no vienen a descansar. Con la autorregulación se pueden canalizar las emociones negativas y centrarse en las positivas. Esto tiene un efecto positivo en tu satisfacción y motivación general, por ejemplo. La renuncia, la disciplina y la capacidad de suprimir los impulsos traen aún más ventajas. Tendrás más paciencia y te sentirás más orgulloso de poder decidir sobre tu vida de manera autodeterminada y de no dejarte influenciar por estímulos externos. Distánciate de los títeres de la sociedad de consumo y lleva una vida autodeterminada de ahora en adelante.

"Con el dinero que no tenemos, compramos cosas que no necesitamos para impresionar a la gente que no nos agrada".

¿Pero cómo funciona la autorregulación? No todos encuentran fácil el autocontrol. La mayoría de la gente piensa que no puede controlar sus vidas. Pero la verdad es que solo tú tienes tu vida en tus manos y puedes decidir sobre ti mismo. Tienes el poder sobre tu vida. Empieza a mirar tu vida desde una perspectiva diferente e imagina lo que le aconsejarías a un amigo si estuviera en tu situación. También puede hablar con los cuidadores y buscar ayuda. Haz los ejercicios de autoconciencia y pregúntate a ti mismo:

- ¿Qué es lo que aporta para mí en la vida?

- ¿Vale la pena que gaste mi energía en esto?

Pon la situación en perspectiva. ¿Vale la pena el esfuerzo y la energía negativa? Tal vez reconozcas que la mayoría de las preocupaciones son triviales. Deberías empezar a ver las cosas de una manera más relajada y tranquila y concentrarte en lo que es realmente importante. Respira profundamente cuando sientas un impulso y reconsidéralo. Evita las acciones de cortocircuito que lamentarás más tarde. Organiza tus pensamientos y piensa siempre a largo plazo. Un buen ejemplo de esto es la venganza: la venganza es un impulso difícil de resistir, pero no compensa el mal. No malgastes tu energía en cosas innecesarias, pero mira a través de tu comportamiento e intuiciones y aprende a lidiar con ellas. De esta manera es posible lograr mucho.

Por cierto: Hay una correlación entre el azúcar y la fuerza de voluntad. Cuanto más azúcar tengamos en la sangre, mejor podremos controlar nuestros impulsos y resistir las emociones espontáneas. Esto fue descubierto por el científico Roy Baumeister.

MOTIVACIÓN

¿Por qué te levantas por la mañana? ¿Alguna vez has pensado en lo que realmente te impulsa? ¿O simplemente te falta el impulso? La motivación está estrechamente vinculada a la autopercepción y la autorregulación. Más allá de las necesidades básicas como el hambre, el sueño y la sexualidad, toda persona tiene necesidad de reconocimiento, estatus, pertenencia y autorrealización. Estas son las necesidades psicológicas de la pirámide de necesidades de Maslow, todas las cuales representan los factores de motivación de una persona. Una necesidad desencadena la motivación, que a su vez desencadena la acción. Cuando tenemos hambre, estamos motivados para conseguir comida. Vamos de compras y cocinamos algo o vamos a la cafetería de la esquina para satisfacer nuestra hambre. Cuando estamos cansados, nos vamos a dormir. Pero parece mucho más difícil con las otras necesidades. Requieren mucha más motivación que las necesidades básicas. Además, las necesidades básicas deben ser satisfechas primero para que uno pueda dedicar su motivación a las otras necesidades. Porque quien no duerme lo suficiente o tiene demasiado estrés es demótico.

Hay dos tipos diferentes de motivación: la intrínseca y la extrínseca. Con la motivación intrínseca, la motivación viene de dentro, por ejemplo, cuando te diviertes haciendo algo. La motivación extrínseca, por otra parte, está influenciada por factores externos, por ejemplo, cuando se espera una recompensa o un elogio. Así que un hobby con el que disfrutas y logras el éxito es una motivación intrínseca. Sin embargo, si solo haces este hobby porque quieres impresionar a otras personas o conseguir reconocimiento por ello, es una motivación extrínseca.

Esto se puede probar bien con el ejemplo de trabajo. ¿Tu profesión está motivada extrínseca o intrínsecamente? Practícalo porque ganas dinero con él o porque lo disfrutas. Si estuvieras intrínsecamente motivado, harías tu trabajo gratis. Sin embargo, la motivación intrínseca y extrínseca a menudo van de la mano. Sin embargo, la motivación intrínseca es más efectiva porque la gente se acerca a las cosas con más pasión y con el corazón y el alma. De esta manera es más probable que tengan éxito. Por lo tanto, debes perseguir especialmente objetivos para los que estás intrínsecamente motivado. Si persigues algo con pasión, lo más probable es que tengas éxito en ello.

Una persona emocionalmente inteligente posee dos talentos directamente en términos de motivación: Puede motivarse a sí mismo y a los demás. Mientras que otros ni siquiera pueden levantarse de la cama por la mañana, las personas emocionalmente inteligentes pueden transferir su propia motivación a otros. ¿Cómo se puede lograr esto? El requisito previo básico para esto es, en primer lugar, la voluntad de lograr algo. Debes tener un objetivo en mente, porque es la única manera de enfocar las cosas de una manera motivada y orientada a un objetivo. Puedes considerar cuál es tu visión de la vida. ¿Cómo debería ser tu vida? ¿Qué quieres en la vida? ¿Qué valores son importantes para ti? Incluso pequeños pasos intermedios pueden llevar a la meta. Por ejemplo, una buena nota en un examen ya puede hacer mucho para obtener un mejor promedio de notas. Si caes en una depresión, siempre debes recordar cómo te sentiste cuando alcanzaste una de tus metas. Si tienes este sentimiento en mente y visualizas tus objetivos, puedes motivarte mucho más fácilmente. Por ejemplo, puedes crear un póster con tus deseos y objetivos y colgarlo en tu campo de visión. De esta manera siempre te recordará lo que quieres lograr.

Cuando trabajes en tus objetivos, siempre debes asegurarte de que tienes suficiente energía. Por lo tanto, siempre debes comer, beber y dormir lo suficiente. Si descuidas tus necesidades básicas, tu cuerpo es más susceptible al estrés y la rebelión. Asegúrate de tener suficientes fases de relajación y descanso. Una rutina matutina también puede ayudarte a empezar el día más motivado y productivo. Intenta levantarte a la misma hora todos los días y marca algunas cosas de tu lista de tareas. Para tener éxito, también se necesita una mentalidad positiva. Nunca debes decirte a ti mismo que nunca serás capaz de dominar esta tarea o que no puedes concentrarte. De esta manera, programas tus pensamientos en la dirección equivocada, te desmotivas y no logras tus objetivos. Piensa siempre positivamente y elimina todas las dudas. Como visualización, puedes escribir todos los pensamientos negativos en un papel y romperlo después. De esta manera puedes liberarte de los pensamientos desmotivadores. Entonces puedes reprogramar tu mentalidad. Puedes convencerte de que esta tarea es muy divertida y te traerá muchos beneficios para el futuro. Si empiezas a creer en ello y te dices cada día que puedes hacerlo, reprogramarás tu subconsciente y alcanzarás tus objetivos mucho más rápido. Una vez que hayas alcanzado una meta o un objetivo intermedio, puedes recompensarte. Por adelantado puedes pensar en lo que puedes tratarte cuando hayas logrado algo. Por supuesto, esto no debería ser un bien de consumo innecesario, pero tal vez un libro que tú has estado anhelando. Puedes anotar tu recompensa en tu diario y esperarla mientras trabajas hacia tu objetivo. Por supuesto, nunca debes engañarte a ti mismo por esta recompensa. Si te haces una promesa a ti mismo, deberías cumplirla. Mucho más importante que un bien material es el orgullo que sentirás después de haber logrado tu objetivo. Este sentimiento sirve a tu satisfacción interior y es tu principal fuerza impulsora. Permítete estar feliz y orgulloso y sé feliz por tu éxito.

Para alcanzar los objetivos más rápidamente, una fecha límite también puede ser útil. Mucha gente solo puede trabajar productiva y rápidamente con la presión de los plazos. Al establecer los términos de ciertas tareas, tienes una fecha límite por escrito que te facilita la organización. También puedes hablar con otros sobre los plazos para que siempre los tengas en cuenta. Escriba los Post-its y ponlos en tu PC o en tu tablero de anuncios. Así se vuelven más reales y no desaparecen en el fondo. También puedes establecer plazos para las subtareas. Así que siempre tienes control sobre el proceso y el progreso. Además, evitas empezar una gran tarea demasiado tarde. Estamos muy contentos de posponer tareas particularmente incómodas y luego tener que completarlas en un tiempo demasiado corto. Para mantener una visión general, también deberías crear planes de acción. A menudo no estamos motivados porque no sabemos lo que se avecina, cuánto tiempo llevará la tarea y vemos nuestros planes como una enorme montaña difícil de manejar. Si utilizas un plan de acción para obtener una visión general, puede planificar mejor y evaluar mejor sus tareas y objetivos. Puedes crear estos planes a largo plazo o diariamente. Si creas una lista de cosas por hacer mañana, te será más fácil llevar la cuenta. Para ello, debes anotar lo que hay que hacer y cuánto tiempo se necesita para hacerlo– más los tiempos de amortiguación y la recompensa correspondiente. Nunca debes posponer las tareas desagradables. De lo contrario, tenderás a dejar de fumar pronto, a saltarte las tareas desagradables y a adelantar tus recompensas porque ya has "hecho mucho". Deberías hacer tareas desagradables por la mañana temprano si es posible, para que puedas terminar estas tareas más rápidamente. Siempre es: "Primero el trabajo, luego el placer". Tacha todas las tareas completadas para que puedas visualizar tu proceso. Ver el progreso ante tus ojos también puede ser muy motivador.

EMPATÍA

La empatía es la capacidad de reconocer y empatizar con los sentimientos, las emociones, los pensamientos y los rasgos de personalidad de otras personas. Por lo tanto, es un componente muy importante de la inteligencia emocional. En el lenguaje coloquial también se llama empatía. La empatía también incluye la capacidad de reaccionar apropiadamente a los sentimientos de otras personas. También se podría hablar de empatía, pero la investigación sobre el cerebro distingue entre empatía y compasión. Todas las personas tienen empatía, pero solo el 10% de todas las personas son verdaderos empáticos. Entre este 10%, solo un 2% son altos empáticos. En este capítulo puedes averiguar si perteneces a ellos.

La capacidad empática de una persona se desarrolla en la mitad del segundo año de vida. En este momento los niños han desarrollado su autoconcepto y pueden reconocerse en el espejo. Pero también es posible mejorar la empatía en años posteriores. Un alto nivel de empatía como componente de la inteligencia emocional tiene muchas ventajas en la vida privada y profesional. Por ejemplo, alguien que puede empatizar bien con los demás tiene mejores oportunidades en su carrera, se hace popular y hace amigos más rápidamente.

Si quieres aprender empatía, deberías leer las siguientes líneas con cuidado. La empatía es especialmente importante en la sociedad actual del codo - pero desafortunadamente se encuentra raramente. La empatía suele mejorar con la edad, ya que se puede recurrir a un caudal de experiencia cada vez mayor. Sin embargo, también puede mejorar tu empatía a una edad temprana con solo unos pocos pasos. El primer paso es una apertura básica hacia nuevas personas, nuevas situaciones y ser diferente. Solo puedes construir relaciones acercándote a otras personas con total imparcialidad. En nuestra sociedad el pensamiento de encasillamiento es muy común. Intenta no tener prejuicios contra nadie y mira siempre las cosas objetivamente. Incluso los colegas a los que no les hayas gustado al principio pueden encontrar que tienes una cualidad positiva a segunda vista. Sin embargo, solo puedes reconocerlo si estás abierto y no te aferras a tu cajón y a tu cuadro prefabricado. Además, no pienses tanto en las opiniones de los demás. El sentimiento subjetivo daña nuestra propia percepción y nos permite que nos den por sentado. Toma nota de la opinión de los demás, pero crea una imagen imparcial de la situación, la persona o la recomendación para ti mismo. También debes estar abierto a los sentimientos de los demás. Muchas personas se sienten incómodas si empiezan a llorar delante de otras personas. Por lo tanto, la gente a menudo trata de suprimir los sentimientos y las emociones o de ignorar los sentimientos de los demás. Sé consciente de las emociones de los demás y debes estar abierto a ellas. Tan pronto como una persona se sienta percibida por ti, se abrirá a ti y confiará en ti.

Lleva tiempo conocer mejor los diferentes tipos de personalidad y emociones. Necesitas acumular una gran experiencia que puedas utilizar en situaciones difíciles y complejas. Para desarrollar esta riqueza de experiencia, deberías observar mucho. Observando a tus compañeros, puedes desarrollar una mejor comprensión de cómo y por qué actúan. ¿Qué hábitos tienen tus compañeros y cómo reaccionan ante las situaciones? Por ejemplo, si sabes que tu colega es una persona de la mañana y necesita una taza de café después de llegar a la oficina, puedes ser más considerado. De esta manera también puedes averiguar lo que le interesa a tus compañeros y lo que los inspira. La comprensión de las emociones es especialmente importante al tratar con otras personas. Con la ayuda de esta comprensión se pueden resolver conflictos o desencadenar simpatías mucho más fácilmente. Para averiguar dónde están las pasiones de tu contraparte, puedes hablar fácilmente con él/ella y mostrarle interés. A la mayoría de la gente le gusta hablar de sus hobbies y pasiones. El resentimiento se suele guardar en torno a cuestiones profesionales o políticas. Si escuchas con atención y recuerdas qué emociones están conectadas con qué tema, puedes conocer mejor a la persona y entender mejor los pensamientos y sentimientos en el futuro. Si descubres similitudes, puedes hacerte amigo de la persona más fácilmente y despertar su simpatía. Esta capacidad también puede beneficiarte en situaciones de conflicto. Las situaciones de conflicto suelen surgir de malentendidos o porque un interlocutor se ha expresado incorrectamente o ha sido malinterpretado. Intenta leer entre líneas y entender lo que tu contraparte realmente quiere decir. Pregunta y piensa en la verdadera necesidad que hay detrás de la declaración. Para ello, puedes utilizar el llamado "modelo de 4 orejas" de Friedemann Schulz von Thun. Este modelo de comunicación establece que cada mensaje y cada declaración debe considerarse bajo cuatro aspectos diferentes: El contenido fáctico, la auto-revelación, la referencia y la apelación. El contenido fáctico se refiere a la información que se ha transmitido específicamente. En este nivel solo se comunican hechos y datos. El receptor de esta información la evalúa en base a su relevancia y veracidad. A través de la auto-revelación, el orador revela mucho sobre su personalidad y sus emociones. En la mayoría de los casos, la auto-revelación ocurre inconscientemente. En el nivel de la relación, puedes averiguar lo que tu compañero de conversación siente por ti. Esto puede verse especialmente en el lenguaje corporal, las expresiones faciales y los gestos. Nuestra intuición interpreta la comunicación no verbal inconsciente básicamente de forma correcta. Si prestas atención a esto, puedes averiguar si eres apreciado o criticado solo por el nivel de la relación. La apelación puede ser comunicada muy claramente o subliminalmente. Pueden ser peticiones, órdenes, deseos o consejos - intentas influenciar al destinatario a través de tu mensaje y conseguir que haga algo. Después de que el destinatario haya escuchado la apelación, decidirá si la sigue o no. Puedes usar estos cuatro niveles para juzgar una declaración o expresión de un ser humano. Otro paso hacia una mayor empatía es la expresión de la comprensión. Establécete como una persona de confianza prestando atención a tu contraparte y escuchándolo con interés. Si imitas el lenguaje corporal de tu contraparte, puedes ponerte en su lugar mejor y se crea un acuerdo emocional. Puedes leer más sobre la empatía en el capítulo correspondiente.

COMPETENCIA SOCIAL

Especialmente en las relaciones interpersonales la competencia social es indispensable. Detrás del término competencia social hay muchas otras cualificaciones clave que a menudo se denominan "habilidades blandas" en la vida profesional: La capacidad de trabajar en equipo, las habilidades de comunicación y las facultades críticas. Según un estudio del Instituto Federal de Educación y Formación Profesional, estas calificaciones representan un 40% de nuestro éxito profesional. Esto se debe a que la mayoría de los empleados se ven obligados a trabajar con otras personas. La competencia social puede definirse en la medida en que se describe como la capacidad de alinear los propios objetivos con las actitudes y valores del grupo. Los que poseen competencia social son capaces de reaccionar y actuar apropiada y sabiamente en todo tipo de interacciones sociales. Dado que las discusiones y los conflictos también forman parte de la vida cotidiana en común, una muy buena capacidad para hacer frente a los conflictos es también una de las características de una persona socialmente competente. A menudo tienen el don de poder elegir la mejor solución entre una multitud de posibles soluciones y, por lo tanto, son buenos responsables de la toma de decisiones. También son capaces de llevar a cabo sus propios objetivos en las interacciones sociales sin poner en peligro la relación interpersonal. Así pues, el campo de la competencia social comprende aproximadamente dos subcompetencias: Un talento para la cooperación y una capacidad constructiva para el conflicto.

Ahora sí que te preguntarás: ¿Cómo puedo aumentar mi competencia social? Para ello, tendrás que enfrentarte a desafíos y practicar a diario. Aprende a comunicarte bien. La capacidad de comunicación es uno de los elementos más importantes de la competencia social. Ya sea en una reunión, en una charla o durante una entrevista de trabajo, hablar es una habilidad esencial para probar y entrenar la competencia social. La fuerza comunicativa se caracteriza por el hecho de que revelas tus pensamientos y así logras tus objetivos sin ofender o herir a nadie más. Esta fina línea puede ser difícil de alcanzar. Siempre sé cortés y amigable con cada persona. Comunica tus necesidades y explica los antecedentes. A cambio, también debes escuchar atentamente a tu interlocutor y tratar de entender y mostrar comprensión. Siempre debes prestar atención a una parte equilibrada de la conversación y ser capaz de permanecer en silencio. Si alguien más te habla, puedes señalar tu interés y atención mirando a tu pareja a los ojos, asintiendo con la cabeza y haciéndole preguntas cortas de consentimiento o interpuestas. Tu postura debe ser abierta y de cara a la persona con la que estás hablando. Siéntate derecho, no cruces los brazos y pon las manos sobre la mesa. Con estos trucos puedes lograr parecer confiable. Si eres capaz de establecer relaciones interpersonales o amistades de esta manera, esto puede ayudarte a alcanzar el éxito, tanto a nivel privado como profesional. Si estás en un grupo, también puedes entrenarte para dirigir el grupo y liderar las discusiones. Puedes ser el líder o el facilitador. Todo funciona mejor si escuchas todas las opiniones y te aseguras de que la discusión no se salga de control. Todos deberían tener la oportunidad de expresar sus opiniones. Sin embargo, la discusión solo debe ser constructiva; si observas que la argumentación va en la dirección equivocada, puedes intervenir. Sin embargo, esto no significa que debas intervenir si algo no corresponde a tu opinión. Todo el mundo debería tener la oportunidad de decir algo y como buen líder siempre debes estar dispuesto a comprometerte. Ten en cuenta que no todo en un grupo tiene que ver con sus intereses y los beneficios que se derivan de algo en solitario. Piensa siempre en el éxito del grupo y, si lo haces, pon tus propias necesidades al final de la lista. La competencia social no solo significa convencer a los demás de su propia opinión, sino también ser tolerante con los que piensan de forma diferente. Para entrenar esta habilidad, deberías trabajar en equipo tan a menudo como sea posible. Las muchas personalidades y opiniones diferentes son un buen ejercicio para la tolerancia y el pensamiento de solución constructiva.

Otro factor que puedes entrenar en el curso de tu entrenamiento de competencia social es la fiabilidad. Lo que es enormemente difícil para algunos es un juego de niños para otros: ser puntual, entregar las cosas en el tiempo establecido y cumplir las promesas. Nada te molesta más que alguien que no guarda las cosas. Esto dañaría tu reputación social y tiene poco que ver con la competencia social.

Ser útil es también un elemento importante de la competencia social. Demuestra un alto nivel de inteligencia emocional, cuidado y compromiso. Aquellos que, además de sus propias necesidades, también consideran las necesidades de los demás no solo se hacen felices a sí mismos, sino también a los demás.

Además de los factores mencionados, la paciencia es también una parte importante de su competencia social. Los científicos ya han demostrado que, además de la inteligencia y el talento, la capacidad de esperar y ver es un indicador de éxito profesional y privado. Esta parte está estrechamente relacionada con la parte ya explicada de la autorregulación. Aquellos que pueden resistir impulsos espontáneos y pueden afrontar con calma las derrotas tienen más éxito y son más competentes socialmente. Para comprender todas estas competencias parciales, también es necesaria una buena autorreflexión. Primero tienes que entender lo que tienes que cambiar para mejorar tu competencia social y por lo tanto tu inteligencia emocional.

Competencias emocionales y sociales

AUTOGESTIÓN

¿Quién soy yo? La mayoría de la gente no se hace esa pregunta lo suficiente. Se hunden en el mar de innumerables pensamientos cotidianos y pierden completamente de vista lo que constituye su propia personalidad. Ya has aprendido a encontrar el camino de regreso a ti mismo y a lo que eres en el capítulo "Los 5 pilares de la inteligencia emocional". Este capítulo trata sobre la autogestión. Esta habilidad es especialmente importante para no perder la cabeza en la vida profesional y privada.

¿Quién no lo sabe? Tareas sobre tareas se acumulan en el escritorio. Los pedidos y las cuentas tienen que ser procesadas, pero en realidad ya estás a medio camino porque tienes que pensar en la mejor manera de llevar a tus hijos junto con los utensilios y la ropa adecuada a varios pasatiempos. Mientras tanto, tu abuela está esperando una visita a la residencia de ancianos y hay algunas compras que hacer. ¿Qué ayuda? Mejor autogestión.

La autogestión está estrechamente ligada a la capacidad de administrar bien tu tiempo. Sin embargo, el tiempo no puede ser manejado - pero tú puedes manejarte a ti mismo. Empieza a hacerte cargo conscientemente de tu rutina diaria de trabajo y planifica tu tiempo adecuadamente. Esto requiere mucha organización, motivación y un objetivo claro. Al principio esta gestión puede llevar mucho tiempo. Sin embargo, gracias a una mejor planificación podrás ahorrar mucho tiempo al final y estarás más saludable emocionalmente, porque ya no estarás tan estresado.

En el fondo, se trata de tomar mejores decisiones y aprender a priorizar. Tomamos alrededor de 20.000 decisiones al día, eso es bastante. Como ya has aprendido en el capítulo "Cómo las emociones influyen en nuestras acciones", las emociones y nuestro subconsciente son responsables de la mayoría de nuestras decisiones. El Instituto Alemán de Investigación Económica de Berlín ha demostrado en un estudio que el 60% de nuestras decisiones se toman bajo presión de tiempo. Esto significa que para la mayoría de nuestras decisiones solo tenemos disponible una parte de nuestra capacidad mental, porque nuestra cabeza ya está ocupada con lo siguiente. Por lo tanto, al principio del día debes tomarte tiempo para planificar tu rutina diaria y tomar muchas decisiones por adelantado. Empieza a establecer metas. Las personas decididas son más felices y saludables, prestan más atención a su salud y viven más tiempo. Por lo tanto, ponte un objetivo claro, pero tu camino hacia él solo debe ser esbozado a grandes rasgos. Siempre debes estar listo para un cambio espontáneo y ser capaz de improvisar. Además, nunca debes convertirte en el esclavo de tus objetivos. Las personas que se aferran obstinadamente a sus objetivos no pueden adaptarse a nuevas situaciones y se vuelven infelices. Siempre puede suceder que las circunstancias de tu vida cambien y tengas que ajustar tus objetivos.

Una vez que hayas establecido objetivos claros, puedes empezar a planear y organizar. Hay estrategias y métodos para ello, que me gustaría presentarles a continuación.

Este párrafo trata del método ABC. En algunas personas, el hemisferio izquierdo del cerebro es dominante y se centra en hechos y cifras. A estas personas les resulta especialmente fácil organizarse. Las personas que están dominadas por el lado derecho del cerebro tienden a actuar de forma caótica, creativa y espontánea. Los planes y citas se intercambian a través de decisiones espontáneas e intuitivas. Si tienes dificultades para organizarte, lo más probable es que estés en la población cerebral correcta. Para ti el método ABC puede ser especialmente importante. El Método ABC prevé una subdivisión de las tareas a realizar según su importancia. Las tareas A son tareas muy importantes que deben hacerse inmediatamente. Las tareas B representan tareas menos importantes que pueden ser pospuestas o delegadas para más tarde y las tareas C son tareas bastante poco importantes que se pueden delegar o descartar. Al priorizar tus tareas con el método ABC, puedes comenzar el día más organizado y ser más productivo.

Otro método de autogestión es el llamado método Eisenhower. El método se remonta al general americano y presidente de los EE.UU. Dwight Eisenhower. En su época, el presidente recomendó que las tareas se dividieran siempre en dos categorías: ¿Importante o no importante, urgente o no urgente? Para mantener una visión general, esto puede ser registrado por escrito en una tabla. Además, las cosas urgentes e importantes en los cuadrantes superiores izquierdos y las cosas no urgentes y sin importancia en los cuadrantes inferiores derechos. Esto puede funcionar como un cesto de basura, cuyas tareas pueden ser olvidadas con confianza. Las cosas importantes y urgentes deben hacerse inmediatamente. Las tareas importantes, pero no urgentes, deben ser introducidas en el calendario, cuando deben ser hechas. Las cosas sin importancia, pero urgentes, deben ser delegadas. También puedes crear un programa diario con el llamado método ALPEN. La abreviatura significa

- Anotar las tareas

- Estimación de la duración de las tareas

- Programar el tiempo de reserva (programar un máximo del 60% del tiempo de trabajo normal)

- priorizar las decisiones

- Comprobando lo que has conseguido

Ahora has aprendido algunos métodos para planificar y organizar mejor tu rutina diaria. Ya que todo esto no es solo teoría, también debes prestar atención a las siguientes cosas. Escribe todo para que no te olvide nada. De esa manera puedes registrar cada pensamiento y concentrarte en tu tarea actual, pero volver a ella más tarde. Puedes llevar un cuaderno contigo o usar una aplicación o herramienta para anotar tus tareas. Limítate a herramientas de trabajo y probadas. En el mejor de los casos, también puedes introducir una fecha límite en tu planificador y fijar un recordatorio. Sin embargo, tu planificador también debe mantenerse en orden: tareas y citas separadas. En lugar de reunir todo en un solo lugar, deberías manejar estas dos cosas en dos lugares separados. Una tercera carpeta podría ser libre para notas generales o pensamientos e ideas espontáneas.

Cuando planifiques tu día, debes priorizar las tareas y comenzar con las desagradables. De esa manera no corres el riesgo de postergar las tareas desagradables una y otra vez. Asigna un bloque de tiempo y un tiempo de reserva para cada tarea. Sin embargo, también deberías planear los descansos. Un horario totalmente cronometrado no es realista y a menudo se subestima la importancia de las pausas y los períodos de descanso. Para evitar el agotamiento total y para estar muy concentrado y productivo en tus tareas, también debes defender los descansos contra nuevos nombramientos. Esto también evita que te alejes mientras trabajas en tareas y que te distraigas con cosas innecesarias. Cosas como el uso de los teléfonos inteligentes, comer o limpiar pueden ser pospuestas a los descansos. También puedes crear una lista de cosas que no debemos hacer. Estas cosas son una pérdida de tiempo y nos impiden hacer las cosas que realmente necesitamos hacer. Así que si mientras procesamos los correos electrónicos pensamos de repente que todavía necesitamos un regalo de cumpleaños para nuestra novia, podemos ponerlo en la lista de no hacer y buscar ideas en Internet en el descanso en lugar de abrir directamente el navegador y distraernos con la tarea actual. Una vez que has comenzado una tarea, no debes engañarte a ti mismo, sino terminarla de manera concentrada y consistente. Al aplazar las cosas, solo te estás saboteando a ti mismo y construyendo una montaña cada vez mayor de tareas desagradables. Cuando hayas completado una de estas tareas, puedes planear una recompensa para el siguiente descanso, por ejemplo, un trozo de pastel. Esto te mantendrá motivado.

La motivación duradera es también un factor importante para una autogestión consistente. Siempre asegúrate de que tus tareas sean variadas. Todo trabajo se volverá aburrido en algún momento si solo tienes rutina y monotonía. Cambiar el orden de las tareas, cambiar los procesos estándar e intentar algo nuevo. En la mayoría de los casos, incluso pequeños cambios en el procedimiento habitual son suficientes para devolver la alegría del trabajo. Si no tienes éxito, también puedes pedirle a tu gerente una nueva tarea o un nuevo desafío.

Para mantener la motivación, también es importante descubrir las metas y perspectivas en tu trabajo. Deberías tener una respuesta a esta pregunta: ¿Por qué estoy haciendo este trabajo? Recuerda que lo que haces con pasión es especialmente bueno. Haz un plan y crea una perspectiva para ti mismo. Pregúntate a ti mismo dónde quieres estar en cinco o diez años. También puedes descubrir los objetivos junto con tus colegas. Juntos pueden aumentar su motivación y el factor de diversión en su trabajo y así lograr más éxito. Una calidad cada vez mayor y una constante optimización de los procesos internos conducen automáticamente a una mayor rotación. Los plazos también se pueden reducir mutuamente. La optimización constante es un gran factor de impulso y trae consigo un gran éxito. Siempre debes recordar estos éxitos. La mayoría de la gente recuerda los fracasos y reveses mucho más que sus éxitos. Puedes llevar un diario de éxitos. Esto puede ayudarte a recordar eventos y habilidades positivas. Aquí encontrarás un resumen de todos los puntos importantes:

- Aprende a decir "no".

- Sé ordenado, ya sea en tu casa o en tu lugar de trabajo.

- Deja de hacer multitareas y concéntrate en tu tarea actual

- Haz las citas e introdúcelas.

- Considera tu biorritmo y duerme lo suficiente

- Establece prioridades

- Haz una programación

- Apaga las fuentes de interferencia como el teléfono móvil

- Encuentra metas y perspectivas para que puedas mantener tu motivación

- Empezar las tareas particularmente desagradables al principio del día

- No pospongas nada

GESTIÓN DE LAS RELACIONES

La gestión de las relaciones se refiere a la capacidad de dar forma a las relaciones, tanto personales como profesionales. Esta competencia sociocomunicativa media entre los diferentes grupos de interés, permite a las personas establecer fuertes vínculos con otras personas mediante la integración y la tolerancia. Aceptando las propias fuerzas y debilidades y haciendo lo mismo con terceros, se pueden aceptar diferentes personalidades y se crea una relación cálida y sociable. Especialmente en el equipo y en la adquisición de clientes, la gestión de relaciones crea el éxito empresarial.

Los buenos vendedores y los buenos líderes de equipo saben que el éxito empresarial depende de las relaciones personales entre ellos. En este capítulo aprenderás cómo construir y mantener estas relaciones.

Básicamente, debes ser consciente de que todo el mundo tiene necesidades emocionales - el homo oeconomicus, un concepto de persona que solo piensa económicamente, difícilmente puede ser aplicado, especialmente en el mundo actual. Aunque estas necesidades emocionales no se expresen directamente en las relaciones comerciales, siguen influyendo en las actividades empresariales y, en cierta medida, determinan si se celebra o no un contrato. Así que debes estar atento tanto a los clientes como a tus empleados y prestar atención a las señales no verbales. En las relaciones de negocios es inusual expresar sus necesidades verbalmente. Por lo tanto, hay que recurrir a este método. Presta atención a lo que tu contraparte quiere decirte a través de su lenguaje corporal - especialmente a través de las expresiones faciales y gestos. ¿Quizás quiere decirte algo inconscientemente a través de su forma de hablar? Si puedes reconocer algo en el lenguaje corporal, puedes preguntarle a tu compañero de conversación si tu suposición es correcta. Cada persona quiere ser percibida y comprendida como un individuo. Mostrando interés personal, puedes inspirar confianza. Este interés personal en una persona tiene una gran influencia en su éxito.

Para tener en cuenta los datos personales de sus clientes y empleados, deberías tomar notas: "La persona X tiene una hija de dos años llamada Anna". En la próxima reunión puedes sorprender a tu compañero de conversación recordando los detalles personales.

También trata de establecerte como una persona interesante y todavía simpática. Atrévete a destacar entre la multitud y hazte interesante en las reuniones de clientes. Por ejemplo, puedes cambiar el nivel de la conversación, hacer una broma o incluir un comentario personal. Cuanto más íntima sea la relación, más éxito tendrás. Por lo tanto, ponte metas inusuales: Por ejemplo, en lugar de fijarte el objetivo de recibir un pedido del cliente, debería fijarse el objetivo de sorprender positivamente al cliente. O para averiguar algo personal sobre ellos. O intenta hacer reír al cliente al menos una vez. Estas cosas crean confianza y conectan. Estos esfuerzos también pueden dar sus frutos para sus empleados. Si te sientes cómodo en tu equipo y te llevas bien con tu jefe, trabajas más productivamente y estás menos ausente. Asegúrate de que tu equipo disfrute viniendo al trabajo. Motivar y crear un ambiente de trabajo relajado y ejemplar. Los números hablarán por sí mismos al final.

LA CONCIENCIA SOCIAL

Las personas con conciencia social tienen un sentido de las tendencias sociales, profesionales y políticas. La información resultante es muy valiosa y puede ser utilizada en beneficio de la empresa. La conciencia social abarca una amplia gama de cuestiones, desde los derechos humanos hasta el activismo social y la importancia de una interacción social armoniosa. En este capítulo aprenderás, entre otras cosas, cómo desarrollar la conciencia social.

En primer lugar, deberías desarrollar un sentimiento por las necesidades de otras personas. Como ya has aprendido en el capítulo anterior, es importante que todos sean escuchados, comprendidos y reconocidos. Al reconocer y responder a las necesidades de los demás, se puede crear confianza y vinculación. Para ello, es posible que en algún momento tengas que dejar de lado tus propias necesidades, aquí podemos hablar de un ejercicio de desinterés.

Como persona socialmente consciente, también juegas un papel importante en la resolución de conflictos. En lugar de discutir, tienes la tarea de centrarte en los puntos en común y los acuerdos excesivos para calmar el conflicto. La voluntad de comprometerse y negociar juega un papel importante en esto.

Un amplio conocimiento general es esencial como persona socialmente consciente. Los problemas sociales afectan a casi todas las áreas de nuestra vida y es importante tratarlos. Tómate el tiempo necesario para seguir los acontecimientos actuales y continuar tu educación. Por ejemplo, puedes participar en organizaciones sociales y unirte a grupos universitarios o de debate para ampliar tu educación en las áreas de injusticia social, racismo, sexismo y pobreza. Involúcrate para luchar contra los problemas mencionados anteriormente.

Para ampliar tu visión del mundo y la apertura, siempre debes dejar tu zona de confort y conocer gente desconocida. Puedes hacerlo viajando o simplemente mudándote a una ciudad extranjera. Para una persona socialmente consciente, es parte de la vida cotidiana ser tolerante y participar en otros sistemas de creencias y estilos de vida. Si prestas atención a estas cosas, conocerás a otras personas mucho más conscientes socialmente.

CONCIENCIA EMOCIONAL

Las emociones y especialmente las negativas son difíciles. A veces no entendemos lo que hay detrás de ellos. Las experiencias emocionales son a menudo impredecibles, caóticas y variables. A menudo tenemos la sensación de que nadie nos entiende y que estamos solos en el mundo. Todo lo que nos falta es conciencia emocional. Usa este capítulo para averiguar qué hay detrás de tus emociones.

Las personas con conciencia emocional tienen un riesgo mucho menor de sufrir depresión y trastornos mentales. Con una conciencia emocional puedes conocerte mejor y protegerte. Al reconocer tus emociones y estados de ánimo, puedes tomar decisiones mejores y más reflexivas. Puedes analizar tus emociones con los siguientes pasos:

1. Reconocer la sensación: prestar atención a un cambio en el ritmo cardíaco o a las manos sudorosas. Cada emoción tiene una influencia física en nuestro cuerpo.

2. Identificar la emoción primaria: ¿enfado o miedo? ¿Alegría o tristeza?

3. identificar la energía detrás de la emoción: ¿quieres actuar directamente o prefieres retirarte? ¿Qué desencadena la emoción en ti?

4. ¿Qué otras emociones están resonando? Muchas emociones se mezclan, por ejemplo, la ira y la decepción.

Si sabes lo que hay detrás de tus emociones, es mucho más fácil para ti lidiar con ellas.

COMPETENCIA EMOCIONAL

La competencia emocional es una habilidad que se basa en la conciencia emocional. No se trata solo de percibir e identificar las propias emociones, sino también de expresarlas, comprenderlas y regularlas, y también de comprender las emociones de los demás.

Ya en la infancia, comienza una experiencia de emociones distintivas. Los estados de ánimo de un bebé fluctúan constantemente entre el estrés y la satisfacción, que va de la mano con la satisfacción de las necesidades. Especialmente las emociones básicas, como la tristeza, la ira, la alegría y el miedo, se pueden reconocer fácilmente en el primer año de vida de un niño. Después del tercer año de vida también se pueden observar emociones sociales y relacionadas con uno mismo, las llamadas emociones secundarias. Esto incluye vergüenza, orgullo, envidia, vergüenza, pero también compasión. Para estas emociones secundarias se asume que los niños han entendido las reglas y normas socialmente aceptadas para su comportamiento en su entorno. También deben haber aprendido que solo ellos mismos son responsables de sus acciones.

Pero el desarrollo de la competencia emocional no solo es posible en la infancia. La competencia emocional también puede desarrollarse y entrenarse en la edad adulta. Para ello, debes centrarse en las siguientes unidades:

- Percibir las emociones

- Comprensión de las emociones

- Expresar emociones

- Usar las emociones

A la percepción de las emociones: Ya has aprendido algo sobre la percepción de tus propias emociones en el capítulo anterior. Para la percepción de las emociones de los demás, son necesarias otras habilidades. Busca los desencadenantes en el ambiente - ¿qué podría haber pasado para que la persona reaccione así? La observación juega un papel importante en este aspecto. Presta atención al lenguaje corporal, especialmente a las expresiones faciales y gestos de tu contraparte. Intenta leer los pensamientos y emociones en su cara, porque nada revela más sobre la verdadera vida interior de una persona que sus expresiones faciales y especialmente sus ojos. También puedes prestar atención a la voz de su contraparte. Intenta percibir el tono y el flujo de las palabras e intenta leer entre líneas. De esta manera puedes sacar conclusiones sobre las emociones de tu contraparte. Esto funciona particularmente bien cuanto mejor conoces a la persona. Las personas adquieren patrones de comportamiento que se ejecutan automáticamente cuando ocurre un evento. Por ejemplo, algunas personas siempre se retiran cuando algo les pone tristes. Otros lo tratan de tal manera que hablan de ello una y otra vez.

De esta manera, también puedes tratar de entender las emociones de tu contraparte. Miren detrás de la fachada y entiendan las interrelaciones entre los eventos. Una emoción se crea así: un estímulo ambiental desencadena una evaluación basada en las metas y necesidades personales. Esta evaluación desencadena pensamientos y sensaciones - en muchos casos se intenta recrear una situación o las consecuencias de algo. Así que uno se imagina lo que sucederá en el futuro o tal vez ya ha sucedido. Esto lleva a una reacción, un comportamiento llamado emoción.

Ser capaz de expresar los propios sentimientos es una capacidad adicional de competencia emocional. Siempre trata de expresar tus sentimientos de acuerdo a tus necesidades y a la situación. Hay un código universal para expresar emociones que se puede aprender observando. Así que siempre puedes saber que expresas tus emociones de manera que todos te entiendan. Como ejercicio, trata de expresar ciertas emociones - por ejemplo, ira, sorpresa o tristeza - con expresiones faciales. Pregúntale a una persona si puede reconocer la emoción que estás expresando. Es evidente que en un momento emocional en el que uno se siente abrumado por sus sentimientos, no se piensa de antemano en la mejor manera de mostrar su emoción, sino que se pueden adquirir patrones de comportamiento para que las reacciones sean adecuadas.

También puedes usar tus emociones para aclarar tus necesidades y objetivos. Normalmente nuestras emociones nos gobiernan, no al revés. Sin embargo, si se usa correctamente, podemos usar el poder de las emociones para dirigir nuestras vidas en una dirección más positiva. Si influyes en tus emociones de tal manera que miras las situaciones negativas asociadas desde un punto de vista más positivo, puedes transformar los sentimientos negativos en sentimientos positivos y así controlar tu vida. Este método incluso ayuda contra la ansiedad, el estrés y el insomnio. Además, es posible fortalecer el sistema inmunológico y aumentar la confianza en ti mismo y el equilibrio a través de una forma de vida más positiva. Para que este método tenga éxito, se recomienda que lo entrenes diariamente - por lo menos durante medio año. Para liberar las hormonas de la felicidad, no solo es necesario formular positivamente y decirlo en voz alta - solo cuando te pones en una situación positiva o en un estado emocional positivo se liberan las hormonas de la felicidad. Tienes que estar listo para esto en el fondo. Siempre debes tener en cuenta que las fortalezas individuales desencadenan sentimientos positivos y las debilidades individuales desencadenan emociones negativas. Si te encuentras en una situación en la que se te recuerdan tus debilidades, debes aceptar que tienes esta debilidad. Después de todo, cada persona es solo humana, todos tienen defectos. Ve esta debilidad como una oportunidad de mejorar y ve la situación desde un punto de vista más positivo.

ADAPTABILIDAD

La adaptabilidad describe la capacidad de adaptarse rápidamente a los problemas, los desafíos y las nuevas situaciones. Los patrones de comportamiento anteriores deben ser cambiados y reajustados. Por lo tanto, las personas adaptables deben ser capaces de actuar con flexibilidad y estar preparadas para el cambio.

La adaptabilidad tiene muchas ventajas. Según el investigador americano Cort Rudolph, las características de adaptabilidad y optimismo se correlacionan. Por lo tanto, cuanto más adaptables son las personas, más felices y satisfechos parecen estar.

Sin embargo, también se plantea la cuestión de si el hecho de ser adaptable limita la individualidad y, por lo tanto, impide la innovación. Si todos se adaptan y todos tienen la misma opinión, las ideas nuevas e innovadoras pueden ser difíciles de desarrollar. Esto se llama groupthink - lo opuesto a la inteligencia de enjambre, que se trata de que la masa de todos los empleados y sus ideas y opiniones sean más inteligentes en su conjunto y que la empresa se beneficie de ello. Demasiada adaptabilidad puede llevar a la ceguera de la empresa, lo que puede ser peligroso dentro de la empresa. Por lo tanto, a pesar de un alto grado de flexibilidad, siempre debes llevar contigo una cierta cantidad de individualidad.

La inteligencia emocional en las áreas de la vida

LA INTELIGENCIA EMOCIONAL Y EL ÉXITO

Las investigaciones han demostrado que los empresarios que tienen una gran inteligencia emocional tienen mucho más éxito que los que solo tienen un alto cociente de inteligencia. El 90% de los grandes empresarios tienen un coeficiente intelectual excepcionalmente alto.

Las personas que son emocionalmente inteligentes encuentran muchas cosas más fáciles: la comunicación, la resolución de conflictos, la creación de redes, el cultivo de relaciones y la construcción de la confianza. En un mundo en el que todo se desarrolla virtualmente, en el que las empresas son cada vez más internacionales y los puestos de trabajo son cada vez más complejos, los encuentros personales marcarán la diferencia, especialmente en el futuro. Y aquí es donde se benefician los que son emocionalmente inteligentes. Mientras que otros están casi desaprendiendo la comunicación personal directa debido a la constante comunicación a través de los medios sociales, cada vez es más importante, especialmente para las empresas, encontrar personas que sean buenas con otras personas.

LA INTELIGENCIA EMOCIONAL EN LA VIDA PROFESIONAL

En el pasado, las culturas del éxito despiadado, el egoísmo y el narcisismo a menudo prevalecían en las empresas. No se reconoció que en el éxito de una empresa influyen de manera significativa la satisfacción de los empleados, la sostenibilidad y la empatía de la dirección. Hoy en día estos factores son cada vez más importantes e incluso las empresas tradicionales se han dado cuenta de que es hora de un cambio. El gerente es el conductor decisivo aquí, ya que él o ella tiene la responsabilidad y tiene mucho que ver con la gente. Actúan como modelos y motivadores. Por ejemplo, si un jefe es colérico, hay un sentimiento constante de miedo entre los empleados. Se evitan las confrontaciones y se obstaculiza enormemente el proceso de retroalimentación. Esto tiene como consecuencia que los empleados son completamente indiferentes al éxito de la empresa y, por lo tanto, la productividad y la voluntad de rendimiento se reducen considerablemente. Una empresa en la que prevalezcan los valores corporativos negativos y una baja EQ no podrá sobrevivir a largo plazo, especialmente en el clima actual. Está muy claro: los empleados motivados y valorados trabajan de forma más eficiente e impulsan la empresa. Por lo tanto, cada vez más gente busca gerentes y empleados con inteligencia emocional. Por primera vez, la selección del solicitante también tiene en cuenta el trabajo voluntario o las actividades extracurriculares que podrían ser un signo de inteligencia emocional. Por lo tanto, es muy probable que un solicitante que trabaja como voluntario tanto en el cuerpo de bomberos como en el trabajo social para niños y jóvenes sea emocionalmente más competente que un solicitante que no tiene ninguna de estas experiencias sociales. Los deportes de equipo o los pasatiempos creativos son también un signo de trabajo en equipo, creatividad, resistencia y flexibilidad, todas ellas competencias para la inteligencia emocional.

LA INTELIGENCIA EMOCIONAL EN LA VIDA PRIVADA

La inteligencia emocional es también una habilidad importante en la vida privada para crear armonía en tu entorno social. Especialmente en las familias puede ser un verdadero problema - como una persona emocionalmente inteligente puedes actuar como mediador entre las partes. Con tu capacidad distintiva para tratar con el conflicto, tu voluntad de compromiso y tu orientación hacia la solución, tú eres el impulsor decisivo de la mediación.

Pero como una persona emocionalmente inteligente también puedes hacer mucho por el estado de ánimo general en tu entorno social. La gente es más feliz cuando tiene a su alrededor personas en las que puede confiar y que los motivan. Puedes hacer una gran diferencia en la vida de los demás. Tus habilidades de comunicación aseguran la armonía en tu entorno social. Puedes transferir tu inteligencia emocional a otras personas y otras personas pueden aprender de ti.

Las relaciones también funcionan mejor y duran más tiempo si hay una persona emocionalmente inteligente o, en el mejor de los casos, dos personas emocionalmente inteligentes en la relación. Una buena relación depende en gran medida de una buena comunicación y de la percepción de las necesidades de la otra persona. Como las personas emocionalmente inteligentes son muy sensibles a estas necesidades, siempre pueden responder apropiadamente. En las relaciones emocionalmente inteligentes, los conflictos ocurren tan raramente y todo el mundo sabe dónde están. A través de una comunicación clara, se puede crear una base de confianza y apertura hacia el otro. Estas relaciones suelen ser muy exitosas.

Empatía

Ya has aprendido mucho sobre la empatía en el capítulo "Los 5 pilares de la inteligencia emocional". En este capítulo aprenderás las ventajas y desventajas de la empatía, los errores más comunes de la empatía y cómo evitarlos, las diferencias entre la empatía emocional, cognitiva y social y cómo puedes mejorar tu empatía a través de la meditación.

Como introducción, me gustaría presentarte algunos interesantes hallazgos de la psicología.

- Las mujeres tienen más empatía que los hombres. Roberto Mercadillo, de la Universidad de Querretaro, en México, pudo demostrar que las áreas cerebrales femeninas eran significativamente más activas que las masculinas. Esto fue probado con la ayuda de un tomógrafo de resonancia magnética. Especialmente en situaciones estresantes, las mujeres reaccionan más empáticamente que el sexo opuesto. Los hombres, por otro lado, reaccionan con mayor egocentrismo en situaciones estresantes. Por lo tanto, los sujetos femeninos de la prueba siempre fueron capaces de distinguir entre las emociones ajenas y las propias. Los hombres de la prueba, por otra parte, mostraron patrones de comportamiento típicos de una reacción de lucha o huida. Es posible que la hormona social oxitocina se pueda usar como explicación.

El sexo femenino libera mucha más oxitocina bajo estrés que el masculino.

- El científico y psicólogo canadiense-americano Paul Bloom descubrió que sentimos empatía especialmente por las personas a las que nos parecemos. Cuanto más parecida sea una persona a ti, mejor podremos ponernos en su lugar. En los casos penales muy emotivos, esta empatía puede incluso llevar a una mala conducta prejuiciosa, en la que la persona se pone en el sufrimiento de la otra persona tanto que quiere vengarse.

- El psicólogo vienés Claus Lamm ha descubierto que cuanto más nos ponemos en el lugar de la persona, más útiles somos. Durante una prueba, el científico puso a los sujetos de prueba en una situación de emergencia ficticia. La prueba puede explicarse mejor mediante el llamado dilema del carrito: Un tren se acerca a cinco trabajadores de la vía y lo más probable es que los atropelle. Otro trabajador de la pista desconocido está trabajando en la pista de al lado. La persona de prueba tiene la oportunidad de fijar los puntos en el último segundo desde la pista con los cinco trabajadores a la pista con el trabajador individual. Este sería atropellado, en cualquier caso. Mentalmente, la persona de prueba debe por lo tanto decidir en milisegundos si quiere salvar a los cinco trabajadores de la pista y sacrificar un trabajador de la pista para esto. La mayoría de la gente decide que cinco vidas pesan más que una y salvan a las cinco personas. Sin embargo, el experimento de Claus Lamm demostró que el trabajador individual no era sacrificado tan a menudo si la persona de la prueba se había puesto en su lugar de antemano. Sin embargo, la percepción de los participantes en este experimento se caracterizó por un mayor estrés. Por lo tanto, era difícil para las personas de prueba tomar decisiones racionales porque anteriormente habían sentido empatía por el trabajador de pista individual.

- Un estudio de Raymond Mar muestra que la lectura regular de las novelas mejora la empatía. Por el contrario, la lectura de no ficción deteriora la empatía humana.

- Antony S. R. Manstead, británico de la Universidad de Cardiff, descubrió que el estatus socioeconómico de una persona afecta a su capacidad empática. También se podría decir que la pobreza promueve la empatía. En su estudio, encontró que la gente más pobre era más propensa a sonreír y a hacer contacto visual, lo que facilitaba el contacto general. La gente rica, por otro lado, tendía a ser más cerrada. Esto se explicaba por el hecho de que los pobres tenían más probabilidades de depender de la ayuda de otros. La gente rica era más propensa a mostrar empatía en eventos de caridad pública como una gala de recaudación de fondos.

- Un estudio de Lisa Aziz-Zadeh, investigadora de la Universidad del Sur de California, encontró que la melodía del discurso dice mucho sobre la empatía de una persona. Durante el experimento, se pidió a las personas de la prueba que dijeran frases sin sentido delante de ellos, que los escucharan y que interpretaran varias emociones en ellos. Se pudo demostrar que la llamada zona de Broca, que se encuentra en el centro del habla, se activó en el cerebro y que las personas de prueba que modulaban la pronunciación con especial claridad eran particularmente empáticas.

- Sarina Rodrigues, científica de la Universidad Estatal de Oregon, investigó hasta qué punto la empatía reduce el estrés. Se podría probar que las personas empáticas pueden lidiar con situaciones estresantes mucho mejor. El gen que hace que las personas sean empáticas también ayuda a bloquear las influencias perturbadoras y estresantes y a tratar con ellas.

- También se ha descubierto que los sinéstetas - personas que tienen la capacidad de percibir un estímulo sensorial varias veces y, por ejemplo, de asignar un color a un sabor - también son muy empáticos. Esto es según un estudio de los británicos Michael Banissy y Jamie Ward. Este resultado también apoya un estudio de Wen Zhou y Denise Chen de la Universidad Rice en Houston. Según este estudio, los empáticos tienen una memoria olfativa particularmente pronunciada.

LAS VENTAJAS Y DESVENTAJAS DE LA EMPATÍA

Los empáticos tienen muchas ventajas en la vida cotidiana privada y profesional. La capacidad puede influir significativamente en su éxito. Sin embargo, las personas empáticas también perciben con mayor intensidad emociones como la tristeza o la preocupación, además de sentimientos como la alegría y la excitación. Aquellos que no pueden lidiar con ellos pueden fácilmente entrar en una espiral descendente como personas altamente sensibles. En este capítulo, aprenderás todo sobre las ventajas y desventajas de la empatía.

La empatía es un indicador de trabajo en equipo, ya que las personas empáticas son más útiles y pueden tratar con diferentes personalidades rápidamente y bien. En la vida profesional a menudo tienes que tratar con diferentes personajes que trabajan juntos en un equipo para lograr un objetivo. Sin un cierto grado de empatía sería imposible lograr este objetivo. La empatía es especialmente importante para la solución de los conflictos. Un equipo de diez colegas significa diez necesidades diferentes y diez maneras diferentes de tratar las situaciones. Especialmente en situaciones delicadas o estresantes, las personas son puestas en estados de emergencia que desencadenan emociones impulsivas. Quienes pueden manejarlos tienen una ventaja decisiva, tanto como miembro del equipo como en el gerente: En primer lugar, parecen competentes y resistentes. Además, no se dejan estresar y son capaces de manejar bien las situaciones para protegerse. Como los gerentes empáticos a menudo parecen simpáticos, es mucho más fácil para ellos motivar a sus empleados para algo. También les resulta más fácil establecer contactos, de modo que pueden hacerse un nombre dentro de su industria y entre sus colegas y construir relaciones profesionales.

También está científicamente probado que los empleados y gerentes empáticos reciben salarios más altos. Los investigadores examinaron la correlación entre la empatía y la ambición y descubrieron que quienes tenían un coeficiente intelectual o una empatía particularmente elevados ganaban mucho más, pero solo si la persona era considerada ambiciosa anteriormente. La sensibilidad a las situaciones profesionales de todo tipo ayuda a evitar los errores que perjudican la carrera y a hacerse popular entre los superiores.

Sin embargo, esta empatía tan sensible también tiene sus desventajas. Las personas que son empáticas suelen tener problemas de exclusión o exclusión porque piensan demasiado en los sentimientos de los demás y se vuelven dependientes de ellos. Decir "no" también puede ser difícil para las personas empáticas, porque quieren complacer a todos y sienten la decepción demasiado. Por lo tanto, a menudo sucede que las personas empáticas van más allá de sus límites y se descuidan a sí mismos porque de otra manera tienen una mala conciencia. También suelen ser muy crédulos, por lo que la gente empática podría enamorarse de buenos actores que quieran manipularlos. Por lo tanto, siempre debes ser capaz de distinguir las emociones verdaderas de las emociones actuadas. Esta habilidad es la disciplina suprema de la empatía. En el trabajo, especialmente los gerentes en la llamada posición de sándwich tienen problemas. Tienen que implementar las decisiones desagradables del nivel jerárquico más alto y cosechar a cambio la desaprobación de sus subordinados. Ya que pueden empatizar bien con ambas partes, surge un dilema.

Sin embargo, la empatía es una buena cualidad que te ayudará a avanzar en la vida. Si aprendes a protegerte de las dificultades y problemas de un alto nivel de empatía, tendrás muchas ventajas con un alto nivel de empatía. Aprenderás más sobre esto en el próximo capítulo.

LOS ERRORES MÁS COMUNES DE LA EMPATÍA Y CÓMO EVITARLOS

Como has aprendido, las personas empáticas son particularmente sensibles a las necesidades y emociones de otras personas. Simplemente tienen un sentimiento natural por los demás y pueden ponerse en su lugar. Como has aprendido en el capítulo anterior, esta naturaleza sensible de todas las cosas también puede causar muchos problemas. Aquí aprenderás todo sobre los errores típicos de los empáticos y cómo puede protegerse de ellos.

Las personas empáticas son vulnerables a la manipulación. A las personas niponas les gusta acusar a otras personas de ser insensibles y antipáticas cuando no hacen lo que quieren. Especialmente las personas sensibles entre las personas empáticas toman estas acusaciones a pecho y cuestionan sus acciones de forma crítica. En el peor de los casos, ceden y hacen algo que realmente contradice sus propias intenciones. Sin embargo, debes recordar una cosa: ser empático no significa que siempre hagas todo bien. Como empático, también puedes expresar tu propia opinión y defender tus derechos. No te conformes con los deseos de los demás solo porque otros puedan llamarte antipático. Solo haz las cosas por convicción, de lo contrario solo actuarás por mala conciencia. Comprensible - quieres mostrar comprensión por los deseos de tus compañeros y hacerles el bien. Pero esto no significa que tengas que hacer algo que no quieras hacer solo porque alguien más te esté manipulando. En ese momento, debe aclararse que no serás chantajeado y que puedes ser empático con tus propias intenciones incluso sin cumplir constantemente otros deseos. Solo apoya los deseos de los demás si realmente estás detrás de ellos.

Como persona empática, la empatía pertenece a tu vida. Ciertas acciones o reacciones pueden ser naturales para ti. Esto no siempre es evidente para las personas que no poseen una capacidad tan alta de empatía. Muchas personas no tienen la capacidad de reconocer y reaccionar con sensibilidad a las señales entre personas. Como persona empática, probablemente te sorprenderás o molestarás a menudo por el comportamiento de otras personas. Para protegerte de los conflictos, siempre debes comunicarte abiertamente. Debes saber que la simpatía electrónica no se aprende de la noche a la mañana. Las discusiones o los intentos de transferir la empatía a otra persona no suelen dar fruto. Solo acepta que cada persona es diferente y tiene un nivel diferente de empatia. Por otro lado, agradece tu alto nivel de empatia y no dejes que nadie te diga lo contrario.

Aunque la empatía se considera un rasgo de carácter fuerte y una cualificación de liderazgo, especialmente en el lugar de trabajo, a menudo sucede que las personas empáticas se consideran demasiado "blandas". Algunas personas ven la empatía como una debilidad o un signo de falta de asertividad. Cuando se hacen tales acusaciones, siempre hay que recordar que la capacidad de trabajar en equipo y la armonía son más importantes que la dureza. Gracias a la empatía puedes resolver conflictos y reaccionar bien ante otras personas. Quienes carecen de empatía carecen de aptitudes significativas para desarrollar y mantener relaciones interpersonales, y los prejuicios de que los empáticos son débiles tienen más probabilidades de indicar una debilidad de carácter. La empatía no significa que siempre tengas que ceder. Porque conoces a la gente y sabes más sobre su comportamiento, puedes usar esto en tu beneficio. Puedes ser coherente y afirmar tu opinión a pesar de un alto nivel de empatía. Siempre sé consciente de que es una buena cualidad, y nunca te dejes convencer de lo contrario.

Las personas empáticas a veces reaccionan muy sensiblemente a los destinos de otras personas. Esto solo se convierte en un problema cuando estás tan influenciado por los sentimientos de los demás que te sientes abrumado por los sentimientos de ti mismo. Por ejemplo, cuando se está de duelo, puede querer consolar y tranquilizar a la persona, pero es posible que tenga que empezar a llorar porque lo siente mucho y puedes ponerte en el lugar de la persona. Los sentimientos te toman por sorpresa y son tan intensos que difícilmente puedes concentrarte en la otra persona, aunque pueda necesitar tu ayuda. Para evitarlo, siempre debe tener cuidado de distinguir entre sus propios sentimientos y los de los demás. Tú no eres responsable de los demás, y un caso que no te afecte no debe desencadenar en ti las mismas emociones que en una persona afectada. La persona puede percibir tu empatía mucho mejor si dices: "Estoy aquí para ti" que si hueles tus pañuelos en el sofá con ellos. Las personas tristes necesitan un ancla, un refugio seguro. Intenta dirigir tu empatía en esta dirección y no te dejes llevar por las emociones de los demás.

Si no puedes distinguir tus propias emociones de las de los demás, puedes sufrir. Si te pones en el lugar de los demás una y otra vez, será un esfuerzo extenuante que puede afectar seriamente a tu calidad de vida. La empatía constante hace que tu cuerpo libere constantemente la hormona del estrés, el cortisol. No hay ninguna diferencia en tu sistema hormonal si estás experimentando las emociones de otra persona o las tuyas propias. En cualquier caso, la hormona desencadena el estrés, lo que a la larga daña tu cuerpo y tu bienestar. En este caso, hay que mirar la situación objetivamente y no dejarse influenciar demasiado por los demás. También presta atención a tus propias necesidades y a un buen equilibrio emocional. Esto es para tu autoprotección. También debes encontrar tu propio camino independientemente de todas las demás personas de tu entorno. Un estudio de la Universidad de Alabama ha demostrado lo importante que es cuidar de tu propia salud mental y emocional. El experimento con 800 personas de prueba demostró que los empáticos estaban tan agotados en su trabajo diario que apenas podían mantener otros contactos sociales después del trabajo. Las personas empáticas corren rápidamente el riesgo de sobreexigirse emocionalmente. A largo plazo esto lleva a un agotamiento emocional. Esto se puede reconocer, por ejemplo, por los siguientes signos: Si experimentas problemas de sueño, dificultades de concentración, debilidad, depresión, apatía o irritabilidad, esto podría ser una señal de que estás emocionalmente agotado. No deberías dejar que se llegue a eso. Siempre ponte como prioridad número 1, de lo contrario no podrás utilizar tu potencial empático. La fuerza interior y el equilibrio emocional son esenciales. En cuanto lo hayas reconocido, podrás manejar más fácilmente tu sensibilidad y tu alta capacidad de empatía.

Básicamente, lo siguiente también se aplica al tema del estrés causado por una sensibilidad demasiado alta: Cuanto mayor sea tu sensibilidad para las emociones de tus semejantes, mayor debería ser tu competencia para tratar con las emociones. Si eres exclusivamente compasivo, siempre estarás sobrecargado. Esto crea un estrés permanente. Por lo tanto, debes aprender a manejar las emociones de manera diferente y menos inducida por el estrés. Esta habilidad puede ser entrenada de la misma manera que la inteligencia emocional.

COGNITIVO, EMOCIONAL Y EMPATÍA SOCIAL

Hay diferentes tipos de empatía. Por un lado, está la empatía emocional. Esto significa que puedes entender y empatizar con los sentimientos de una persona. Este tipo de empatía también se llama alta sensibilidad, un tipo de compasión. La empatía emocional también se caracteriza por la necesidad de ayudar a los demás y la capacidad de transmitir estados de ánimo, un contagio emocional. Por lo tanto, es esencial para la formación y configuración de las relaciones interpersonales.

La empatía cognitiva es también una forma de empatía. Comprende la capacidad de comprender las intenciones, pensamientos y motivos de una persona sin reproducir completamente los sentimientos. Este tipo de empatía es el más fácil de aprender. A través de mensajes no verbales, como el lenguaje corporal o incluso las expresiones o gestos faciales, puedes estimar cómo se comportará tu contraparte en una situación futura. Con esta forma de empatía entiendes lo que la otra persona está sintiendo, pero no lo sientes. Entiendes mucho más el mundo emocional de tu contraparte. Esto te permite actuar con previsión y predecir las decisiones de tu contraparte con antelación. La empatía cognitiva puede volverse peligrosa si es usada manipuladamente por la política, los medios de comunicación o la publicidad. La empatía cognitiva es particularmente útil para llevar a cabo negociaciones o resolver conflictos.

La última competencia parcial de la empatía humana es la empatía social. Con la empatía social puedes entender e interpretar diferentes personajes. Por ejemplo, las personas empáticas sociales pueden tratar muy bien con personas de otras culturas, religiones o grupos de edad. Una persona socialmente empática también puede adaptarse bien a otros temperamentos y caracteres. Otra capacidad de esta forma de empatía es la capacidad de mejorar los estados de ánimo negativos de manera selectiva y de superar una fuerte resistencia con la fuerza de voluntad. Así que las personas socialmente empáticas se caracterizan por un enorme poder de permanencia. La empatía social es particularmente útil para construir un círculo estable de amigos y crear un espíritu de equipo.

He aquí un ejemplo concreto: Tu hermana llora y te dice que le dieron el alta ayer. Si eres un empático cognitivo, puedes entender su tristeza y considerar cómo puedes ayudarla mejor. Si eres un empático emocional, sientes tanto con ella que reflejas sus sentimientos y empiezas a llorar también. Por otro lado, si eres una persona socialmente empática, también puedes entender las razones del despido porque puedes mirar la situación objetivamente.

MEJORAR LA EMPATÍA A TRAVÉS DE LA MEDITACIÓN

Es posible aumentar la empatía a través de varios ejercicios. La empatía puede ser influenciada por muchas otras áreas. Por ejemplo, la atención, la conciencia y la expansión de la conciencia juegan un papel importante. Estas áreas se pueden entrenar especialmente bien con la meditación transformativa - por lo que es obvio que la empatía también se puede mejorar a través de la meditación.

A menudo se dice que la empatía es un signo de madurez de la conciencia. La madurez de la conciencia se compone de tres áreas diferentes. En primer lugar, ser consciente, es decir, todo lo que es. Luego está el subconsciente. En el subconsciente se pueden entrenar patrones para que ciertos procesos se ejecuten automáticamente. Por último, está la conciencia cotidiana, la conciencia de la persona. Con la ayuda de la meditación puedes expandir y madurar tu conciencia para que puedas sentir y reaccionar más empáticamente. Los efectos secundarios beneficiosos de la meditación son también la calma, la concentración, la relajación y la reducción del estrés - todas las cosas que también benefician a una inteligencia emocional superior. En este capítulo se introduce la meditación Anapana por un lado y la meditación Vipassana y Metta por el otro.

La meditación de Anapana consiste en ignorar completamente los pensamientos que surgen y dejarlos pasar. En principio, uno tiende a pensar todos los pensamientos más allá. Ignorar los pensamientos es por lo tanto un gran desafío para la mayoría de la gente. Para dominar esto, el enfoque debe estar completamente dirigido a la respiración. Solo debes concentrarte en inhalar y exhalar. A través de la meditación Anapana puedes mejorar tu concentración y descansar.

Basándose en esto, uno puede entrenar la meditación Vipassana. Aquí también se ignoran los pensamientos, pero la atención no solo se centra en la respiración, sino que se mueve por todas las partes del cuerpo. Uno debe concentrarse en una pequeña parte del cuerpo hasta que pueda percibir una sensación. Tan pronto como se percibe una sensación - por ejemplo, un cosquilleo, hormigueo o picor - hay que resistir la tentación de reaccionar a ella y pasar a la siguiente zona. Según la teoría de Vipassana, al no reaccionar a la necesidad, un sufrimiento interior se disuelve.

La meditación de Metta entrena explícitamente la compasión, por lo que es la forma de meditación más importante de este capítulo. La meditación Metta tiene como objetivo desarrollar en uno mismo la necesidad de evitar el sufrimiento de los demás y desearles alegría y felicidad. Para lograrlo, uno primero se concentra en sí mismo y proyecta los deseos sobre sí mismo. Luego se practica en un ser querido y se proyectan los deseos en ella. Luego te enfocas en una persona que no conoces y con la que eres neutral. Por último, se aplica la misma estrategia a una persona con la que se tienen dificultades y luego se puede proyectar esto a todas las personas del mundo. La meditación Metta tiene el objetivo de que cada ser vivo sea aceptado y aceptado interiormente. Por lo tanto, desarrolla una actitud benévola y básica hacia todas las personas. Aunque esto no siempre sea fácil para ti, porque has tenido malas experiencias con algunas personas que nublan tu conciencia, podrás aumentar enormemente tu empatía a través de este ejercicio. Sin embargo, si quieres tener éxito, debes hacer la meditación regularmente, preferiblemente una vez al día durante unos minutos. Por lo tanto, tómate el tiempo suficiente para ti mismo cada día - no importa si son 5 minutos o 1 hora - y asegúrate de relajarte conscientemente. Si planeas este tiempo para ti mismo, la regularidad te facilitará que te tomes un tiempo libre.

La meditación Metta funciona más fácilmente con una instrucción, ya sea por radio o en un grupo guiado no importa. Es importante que te tomes tu tiempo y dejes fuera todas las demás preocupaciones y distracciones. Encuentra un lugar tranquilo y cómodo y encuéntrate a ti mismo. Puedes acostarte o sentarte, la postura depende de ti. Sin embargo, debería ser posible respirar profundamente y con calma. Una vez que hayas alcanzado una posición cómoda, puedes empezar a aceptar sentimientos negativos como la ira, el rechazo o la decepción, calmarlos y luego dejarlos seguir adelante. Para ello, debes calmarte y concentrarte en la respiración profunda y regular para lograr un estado meditativo. Continúa hasta que sientas una relajación interna. Con un poco de práctica esto será más fácil para ti. Es importante ser coherente, una vez que te has despedido de algo, debes estar en paz contigo mismo y dejar de pensar en ello. De esa manera puedes aceptarte y amarte a ti mismo. Debes hacer esto incondicionalmente para poder aceptar a todos los demás seres vivos incondicionalmente. Esta incondicionalidad es la disciplina más difícil de la meditación Metta, ya que a menudo contradice nuestras emociones. Pero mientras creas que solo puedes aceptar a tus semejantes si cumplen ciertas condiciones, entonces no es posible una actitud interna de Metta, porque Metta significa buena voluntad incondicional hacia todas las personas. Por lo tanto, debes aceptar y amar a todas las personas con todos sus defectos y debilidades tal como son.

¿Cómo crear las emociones y qué hacen?

¿QUÉ PROCESOS TIENEN LUGAR EN EL CEREBRO?

La amígdala es responsable de los asuntos emocionales en el cerebro humano. La amígdala es una estructura en forma de almendra situada por encima del tronco cerebral. Comparado con nuestros antepasados, los primates, este grano de almendra es desproporcionadamente grande. El hipocampo y el almendro eran partes del llamado cerebro olfativo de los primates - la evolución ha formado el córtex y el neocórtex a partir de ellos. Con estas dos estructuras aprendemos y recordamos. El grano de almendra es responsable de las emociones. Cuando la amígdala se separa del resto del cerebro, se produce una ceguera por afectación: de repente ya no se pueden sentir y reconocer las emociones. Por ejemplo, un hombre al que se le había separado la amígdala por medio de una cirugía quería estar solo y ya no estaba interesado en la interacción social. Podía hablar, pero ya no reconocía a los amigos y parientes cercanos como su propia madre. El dolor o la pena no lo tocó, simplemente no conocía ningún sentimiento. El núcleo de la amígdala es, por lo tanto, la memoria de la memoria emocional. Una vida sin amígdala significa una vida sin un significado personal.

La pasión también depende de la amígdala. En los animales a los que se les ha quitado la amígdala, no se pueden reconocer emociones como el miedo o la ira después de la separación. Pierden la motivación para la competencia o el racionamiento cooperativo y ni siquiera reconocen su posición en la manada. Las emociones están desapareciendo.

Por lo tanto, el núcleo de almendra también es responsable de acciones impulsivas. También se llama cable disparador neural, porque a menudo envía señales impulsivas a las que reaccionamos y de las que nos arrepentimos posteriormente. El núcleo de la amígdala comprueba cada situación y la sopesa primitivamente: ¿Esto es algo que temo, algo que no me gusta, algo que me ofende? Si es así, la amígdala reacciona en unos pocos milisegundos y envía señales de advertencia a las partes restantes del cerebro. Esta función tripular del cerebro fue descubierta por el neurocientífico Joseph Le Doux del Centro de Ciencias Neurales de la Universidad de Nueva York.

La amígdala también funciona como un guardián emocional. La investigación de Le Doux ha demostrado que las señales sensoriales son percibidas por nuestro oído u ojo. Luego viajan al tálamo del cerebro y una sinapsis los envía al núcleo de almendra. Desde el tálamo se envía otra señal al neocórtex, el cerebro pensante. Antes de que Le Doux propusiera esta teoría, se creía que las señales siempre viajan primero a través del neocórtex y luego a la amígdala - la amígdala debería por lo tanto depender del neocórtex. Pero no es así, porque para nuestros sentimientos más fuertes hay un atajo a través de la amígdala. La amígdala es capaz de movernos para actuar, mientras que el neocórtex más lento crea un plan refinado para nuestra reacción.

EMOCIONES COMO GUÍA DE ORIENTACIÓN

La evolución nos ha dotado de emociones por una razón. Las emociones nos ayudan a evaluar situaciones y personas en segundos. Nos dan impulsos para la acción y nos ayudan a ver a través de entornos complejos. Como ya has aprendido, también juegan un papel importante en nuestras decisiones. Nos ayudan a jugar con posibles escenarios futuros y a considerar las emociones que sientes. Con todo, las emociones tienen las siguientes tareas:

- Nos ayudan en situaciones de amenaza existencial y reaccionan huyendo, atacando, defendiendo o congelando.

- Nos ayudan a planear y tomar decisiones permitiéndonos prever las consecuencias de nuestras acciones.

- Son un importante medio de comunicación y utilizan formas de expresión típicas para indicar a los demás cómo nos sentimos. Por otro lado, también podemos reconocer esto en el lenguaje corporal de otra persona.

A través de nuestra riqueza de experiencia y nuestra intuición nuestras emociones deciden en base a nuestras necesidades incluso antes de nuestra decisión racional y nos permiten reaccionar físicamente. Así, nuestras emociones y nuestra intuición sirven como una importante ayuda de orientación para las decisiones.

NEURONAS ESPEJO - ¿QUÉ SON Y CÓMO PUEDEN FUNCIONAR EN LA VIDA COTIDIANA?

Probablemente conoces esta situación: Nuestro interlocutor bosteza y tenemos que bostezar. En la calle alguien nos sonríe y nosotros también tenemos que sonreír. Debemos estas reacciones - reacciones de imagen casi espejo - a las neuronas espejo. Las neuronas espejo son un sistema de resonancia en nuestro cerebro que reacciona cuando otras personas muestran emociones. Las células nerviosas ya envían señales cuando solo observamos una acción y reaccionamos como si hubiéramos experimentado lo que vimos nosotros mismos.

Las neuronas espejo son responsables de nuestra empatia y compasión. Por ejemplo, nosotros mismos experimentamos molestias cuando vemos que alguien nos corta el dedo. Entonces podemos sentir el dolor de una cierta manera. Así que estamos infectados con los sentimientos de la otra persona - incluso si reconocemos los sentimientos de los demás, las neuronas espejo reaccionan.

También funcionan completamente inconscientes, tenemos que pensar en nuestra reacción. Nuestro cerebro percibe rápidamente los patrones de movimiento y el lenguaje corporal de nuestra contraparte y se crea una imagen espejo instantánea en nuestro cerebro. Entonces las neurosis de espejo se activan y hacen que las sensaciones correspondientes vibren en nosotros.

Las neuronas espejo son especialmente importantes en la vida cotidiana. Son responsables de nuestra intuición, que determina nuestras acciones en el trato con otras personas. Solo unos pocos indicios son suficientes para poder sacar las conclusiones correctas de los movimientos de otras personas. Intuitivamente reconocemos la constitución de otra persona y podemos reaccionar a ella. Las neuronas espejo son extremadamente útiles porque nos permiten saber de antemano lo que otra persona hará en el próximo momento. Ponen fin a las situaciones percibidas. Así podemos ir a una obra de teatro en la calle sin chocarnos constantemente con alguien.

El entrenamiento de los sentimientos personales

Este capítulo está dedicado al entrenamiento de sus propios sentimientos. ¿Qué quieren decirnos nuestros sentimientos y para qué sirven?

Nuestros sentimientos nos muestran las necesidades que tenemos. Si nuestras necesidades son satisfechas, somos felices; si no son satisfechas, no somos felices. Así que, en cierto sentido, nuestros sentimientos nos dicen lo que necesitamos, lo que es probable que consigamos, o probablemente ya lo hayamos conseguido. Especialmente con las emociones básicas, es fácil rastrear tu estado de ánimo hasta la necesidad. ¿También está de mal humor cuando no ha dormido mucho o tiene hambre? Sin embargo, también hay emociones que no podemos atribuir directamente a una necesidad - no sabemos lo que está pasando. Pero es muy importante saber qué es lo que ha provocado la emoción para poder actuar.

Para entender tus emociones, primero debes entender el significado de la emoción. Así que deberías tratar de interpretar tu emoción.

- ¿Qué situación o evento causa esta emoción?

- ¿Cuáles son las expectativas?

- ¿Qué necesidad podría estar detrás de esta emoción?

- ¿Por qué sientes esta emoción?

- ¿Por qué se siente dirigido personalmente?

- ¿Los esquemas juegan un papel?

- ¿Qué consecuencias crees que tiene el evento?

- ¿Qué habría pasado alternativamente si el evento no hubiera ocurrido?

- ¿Hay patrones psicológicos, por ejemplo, traumas, detrás de esto?

Para entender sus emociones, puede ser útil tratar intensamente la emoción que ha surgido. Ten en cuenta que una emoción siempre está conectada a una percepción física. Solo un evento en el ambiente - un estímulo - permite que surja una emoción. A menudo puedes reconocer patrones que te permiten jugar con patrones de comportamiento automatizados cuando estás en situaciones similares. Esto funciona de manera similar a un desencadenante de un trauma: recuerdas una situación similar en tu pasado y reaccionas en base a tu experiencia como lo hiciste entonces. No hay nada que puedas hacer al respecto, porque tu intuición - las emociones - son más rápidas que tu mente racional. En milisegundos, sopesa el peligro, el éxito que se puede esperar y hasta qué punto se satisfacen sus necesidades y sus objetivos. Así que, si algo te afecta desde fuera, reaccionas automáticamente. Permite que tus emociones salgan a la luz y déjalas salir a la luz, por ejemplo, a través de la meditación de la atención. Presta mucha atención a lo que sientes. También presta atención a tus reacciones físicas: Cada emoción provoca cambios físicos en tu cuerpo. En caso de miedo o nerviosismo esto puede ser tembloroso o miedo-sudor, por ejemplo. El ritmo cardíaco aumenta y la adrenalina se dispara por todo el cuerpo. Cuando estás feliz o sorprendido, una amplia sonrisa se extiende en tu cara en un instante. Cada emoción suele estar asociada a una reacción física típica: averigua qué emoción desencadena qué reacción en ti. Esto te facilitará la identificación de tu emoción, y posiblemente también tu necesidad detrás de ella. La conciencia de tus propios sentimientos puede llevarte muy lejos como personalidad. De esta manera puedes desarrollarte según tus posibilidades y dar un sentido a tu vida mediante la satisfacción integral de tus necesidades. Para ello es importante aceptar tus sentimientos y tratarlos intensamente. Pregúntate una y otra vez: ¿Qué quiere decirme este sentimiento? Una vez que hayas averiguado esto, podrás explotar plenamente tu potencial de desarrollo. Especialmente si has aprendido a transformar los sentimientos negativos en positivos, puedes cambiar toda tu forma de vida para mejor. Una actitud positiva ante la vida tiene muchas ventajas - pero aprenderás más sobre esto en el próximo capítulo. Para aumentar su percepción y comprender el trasfondo de sus emociones, puede ser útil llevar un diario de sentimientos. Para este propósito debes aprender un pequeño ritual todos los días. Siéntete una vez al día y respira conscientemente. Esta hora del día está dedicada solo a ti.

Siente tu cuerpo de arriba a abajo, cada miembro, cada fibra. Pregúntese:

- ¿Cómo lo estoy haciendo ahora mismo?
- ¿Cómo pienso en mis sentimientos?
- ¿Dónde estaban mis pensamientos hoy?
- ¿Qué está pasando en mi vida ahora mismo?
- ¿Cómo pienso en los acontecimientos de mi vida?
- ¿Hubo una situación extraordinaria hoy?

Para tu diario de sentimientos un cuaderno es una buena idea. Escribe notas cortas y concisas en palabras clave para obtener una visión general. Escúchate intensamente a ti mismo y aumenta tu autopercepción. Por supuesto, también hay que ser consciente de las emociones que existen en general. Aquí encontrarás algunos ejemplos:

lleno de energía	impotente
feliz	desafortunado
	encerrado
relajado	tenso
lleno de entusiasmo	desganado
conectado	disociados
inocente	culpable
emocionado	tranquilo
romántica	hecho
decidido	conflictivo
fuerte	débil
valiente	tímido
percibido	no se percibe
integrado	solitario
amoroso	odio
divertido	enojado
abrumado	menospreciado
seguro	inseguro
humano	patético
útil	explotado
curioso	mareado
claro	confuso
protege	violado

Por supuesto, debes ser consciente de que muchas influencias externas también pueden afectar a tus emociones y tu estado de ánimo. El reloj interno, el ciclo femenino, el clima, la luna o las adicciones pueden influir fuertemente en tu comportamiento y también en tus emociones.

Un diario de sentimientos tiene muchas ventajas. Puede ayudarte a desarrollar una rutina y mejorar tu conciencia del aquí y ahora. Al hacer una pausa de unos minutos, mejora tu autopercepción y regularmente hace un contacto intensivo contigo mismo. Especialmente en la agitada vida diaria, esto puede olvidarse rápidamente. Escribiendo tus sentimientos desde un punto de vista neutral cada día, puedes establecer una buena conexión. Es posible que puedas reconocer los ritmos o reconocer cuándo se produce una determinada sensación con mayor frecuencia. Es mejor mantener tu diario de sentimientos paralelo a un calendario de citas. De esta manera puedes, por ejemplo, hacer una conexión con situaciones recurrentes - por ejemplo, que siempre te sientes ansioso cuando tu jefe te invita a una reunión de personal. También vale la pena entrar en las quejas físicas, porque nuestro bienestar físico depende fuertemente de nuestro bienestar psicológico. A través de la observación neutral puedes aumentar considerablemente tu autopercepción y así reflejar mejor tus sentimientos. Si miras tu diario una vez al mes, puedes ver si has hecho algún progreso. Se pueden percibir los cambios - ya sean positivos o negativos - y así reaccionar a ellos y tomar medidas si es necesario.

Comprobación de las emociones y los sentimientos

Para poder controlar tus emociones y sentimientos, primero debes aceptar tus emociones y valorarlas como una importante fuente de información para nuestro sistema corporal. Al notarlas y prestarles atención, podemos controlar e influir en nuestros sentimientos. Por otro lado, si no entendemos nuestras emociones, puede suceder fácilmente que reaccionemos intuitivamente, espontáneamente y de manera degenerada. Es posible utilizar las emociones de manera constructiva para reconocer dónde es necesario actuar y dónde se modifican los procesos de procesamiento.

En el capítulo "Autorregulación" ya has aprendido mucho sobre la autodisciplina y la resistencia. El control de las emociones se basa fuertemente en esto. En primer lugar, se debe tratar de hacer frente a las exigencias de la vida cotidiana de tal manera que surja el menor estrés posible, se consideren tantos aspectos como sea posible y se puedan alcanzar tantos objetivos como sea posible. Al hacerlo, también se pueden hacer compromisos, para los cuales debes estar preparado. La forma óptima es armonizar sus objetivos y requisitos de manera que se obtengan los mayores beneficios posibles y, al mismo tiempo, se incurra en los menores costos posibles. Si esto tiene éxito, el control de las emociones ya no es necesario. Pero casi todo el mundo conoce una situación en la que nuestras emociones nos abruman demasiado.

Entonces puede ser necesario un autocontrol. Incluso si nuestra mente habla en contra de nuestros sentimientos, un control de las emociones es importante. Por ejemplo, es difícil confesar tu amor a una persona casada. Si te prohíbes esta emoción, debes mantener tus sentimientos bajo control. Las personas utilizan las emociones o el autocontrol con especial frecuencia para evitar consecuencias negativas. Por ejemplo, un ataque de llanto en una reunión de personal sería muy malo. Hay situaciones en las que nuestras emociones intuitivas no son apropiadas.

La capacidad de controlar las emociones también puede tener muchas ventajas. Por ejemplo, las investigaciones han demostrado que los niños que fueron capaces de resistir la tentación a los cuatro años de edad podían mostrar más tarde un mayor éxito académico y competencia social que los niños que cedieron a la tentación.

Una vez que entiendas tus emociones, puedes empezar a controlarlas. Ya has aprendido cómo surgen las emociones y lo que sucede en el cerebro. Cuando tenemos pensamientos, el cerebro envía un mensaje de que sentimos como pensamos. Así que cuando tenemos ciertos pensamientos, producimos un estado mental correspondiente. Sentimos lo que pensamos. Si tenemos pensamientos hermosos, amorosos o alegres, esto se transfiere a nuestros sentimientos. Pero funciona de la misma manera con los pensamientos negativos, temerosos o enojados. En cierto modo, nuestros pensamientos dominan nuestro humor y nuestros sentimientos. ¿Pero quién tiene el poder sobre tus pensamientos? ¡Tú mismo y tú solo! Producimos nuestras propias emociones.

Por supuesto, hay un increíble número de mecanismos automatizados que se basan en nuestra rica experiencia. En tu vida, cada persona puede desarrollar un sistema de valores basado en sus experiencias. Pero en su mayoría tenemos nuestros pensamientos y emociones en nuestras propias manos. Aprende a dirigir tus pensamientos en una dirección y podrás controlar tus emociones. Y el poder de las emociones no debe ser subestimado. Las investigaciones han demostrado que el sistema inmunológico humano puede debilitarse por cinco minutos de miedo hasta seis horas y que en este tiempo se produce tanto veneno que un cerdo marino podría morir por ello. El amor y el afecto, por otro lado, causa un aumento inmediato de un anticuerpo del sistema inmunológico, la inmunoglobulina A, que es eficaz contra las infecciones.

Si quieres influir en tus sentimientos, debes familiarizarte con tu estado mental y emocional y cuestionar tu forma de pensar y sentir. Esta forma de pensar y sentir conforma nuestras emociones y también una gran parte de nuestra personalidad. Son lo que sientes y piensas. Si te dices a ti mismo: "Soy una persona ansiosa", entonces te convertirás en una persona ansiosa. Si te dices a ti mismo todos los días: "Estoy seguro", entonces estarás seguro. Nuestros pensamientos se convierten en realidad. Pero nuestros pensamientos son a menudo simples hábitos que hemos adquirido en el curso de nuestras vidas. Cambiar la autoidentificación de uno puede ser un gran esfuerzo. La autoidentificación es como un par de zapatos a los que te has acostumbrado. Los zapatos viejos se ajustan cómodamente y, debido al uso frecuente, se ajustan como un guante. Te sientes cómodo en ellos. Sin embargo, se puede ver que los zapatos se rompen. Hablando en sentido figurado, esto puede significar que te das cuenta de que tus pensamientos te están bloqueando y obstaculizando. Necesitas hacerte amigo de un nuevo par de zapatos, una nueva imagen de ti mismo. Le llevará algún tiempo acostumbrarse, pero los zapatos nuevos le quedarán maravillosos. Optimízate a ti mismo, influye positivamente en tus pensamientos y así controla tus sentimientos. Además de reprimir los sentimientos no deseados, también puedes crear sentimientos positivos que pueden hacer tu vida más satisfactoria y feliz.

Además, es extremadamente importante permitir las emociones. Las emociones especialmente desagradables no deben ser suprimidas, porque de lo contrario se desarrollará rápidamente un comportamiento perjudicial (por ejemplo, el alcoholismo o el tabaquismo). Una vez que se ha percibido e interpretado la emoción como se ha descrito anteriormente, es importante poder distinguir entre las emociones apropiadas e inapropiadas. Una emoción apropiada y útil puede expresarte a otras personas. Puedes traducir esta emoción en un comportamiento útil que te ayudará a seguir adelante. Las emociones inapropiadas, por otro lado, deben ser atenuadas en su intensidad y debes tratar de cambiar positivamente. Para este propósito puedes probar el método de cambio de pensamiento. En situaciones agudas, en primer lugar, debes apegarte a técnicas físicas que te relajen y calmen. Las reacciones físicas de nuestro cuerpo a veces nos hacen dejar de pensar racionalmente y nos hacen decir y hacer cosas que podríamos lamentar más tarde. Esto es especialmente el caso de las emociones negativas. Debes distanciarte rápidamente de una situación cuando notes que la ira en ti comienza a hervir. Si estás en un conflicto fuerte y notas que se te sube a la cabeza, deberías salir de la habitación. Lo mejor es moverse en el aire fresco, porque éste suministra oxígeno a tu cerebro. Después de unos minutos notarás que tus emociones se han calmado de nuevo. También puedes prevenir la ira con técnicas de relajación. Puedes meditar o probar técnicas de respiración. En situaciones agudas se puede interrumpir la conversación por un corto tiempo y tomar cinco respiraciones profundas. Asegúrate de que respiras en tu estómago. Inspira profundamente, mantén el aire en tu abdomen durante tres segundos y vuelve a espirar profundamente. Esto aliviará la situación aguda y te dará calma. Puedes hacer lo mismo en una situación de ansiedad o frustración. Sin embargo, también puede ser una ventaja enfrentar su miedo. Solo mediante la confrontación puedes liberar tu miedo. Piensa en el poder de tus pensamientos.

Si cambias tus pensamientos, puedes regular tus emociones. Eres lo que piensas. Intenta aliviar las emociones negativas con técnicas de relajación y expresar emociones positivas. Cambiando su auto-identificación, puede ser posible centrarse solo en los pensamientos positivos. De esta manera se puede lograr que reacciones menos impulsiva y excesivamente y que ya no te excites por las influencias externas.

El uso manipulador de las emociones

La manipulación se produce a menudo mediante el uso de las emociones, la inteligencia emocional y la competencia social. En este capítulo aprenderás todo sobre este tipo de manipulación, por un lado, sobre su uso en las relaciones interpersonales y por otro lado sobre su uso en la industria de la publicidad.

La inteligencia emocional puede ser fácilmente mal utilizada. Gente como Hitler o Stalin, pero también líderes de grupos criminales, embaucadores o políticos son usualmente muy competentes socialmente y emocionalmente inteligentes. De lo contrario, difícilmente habrían logrado ganar tanto poder y reconocimiento. Pero aquellos que lo hacen con malas intenciones abusan del poder de las emociones. Detrás de una influencia manipuladora suele haber un trastorno de personalidad antisocial, por ejemplo, el narcisismo.

La gente manipuladora quiere usar a otras personas para sus propios fines. No revelan sus debilidades y se distinguen por sus supuestas fortalezas. Por otro lado, explotan sus debilidades y hacen que sus fortalezas sean pequeñas. Cuidado con las verdades dudosas. No seas ingenuo y cuando cuentes una historia, ten siempre en cuenta el propósito de la misma para el narrador. ¿Está particularmente bien situado al final de la historia? ¿Quieres maldecir a alguien o algo? La gente manipuladora manipula con la razón. Los mentirosos se reconocen especialmente bien por el hecho de que explican ampliamente las cuestiones insignificantes y a menudo se justifican a sí mismos. Tiene miedo de que lo pongan en la luz equivocada. Apela a las emociones desencadenando el deseo o el horror. Especialmente cuando se hacen enemigos comunes, se convierten en amigos aún más cercanos. Incluso si el manipulador aborda necesidades o frustraciones profundamente arraigadas, puede despertar emociones y así poner a la persona de su lado. Pero este abuso de las emociones solo sirve al propósito del manipulador. El encanto es también una de las mayores armas de un manipulador. Por medio de cumplidos o favores esconde motivos egoístas y disfraza sus antecedentes. A través de los cumplidos y favores uno se siente halagado y considera simpático al manipulador. Muy rápidamente un encantador te tiene en su trampa.

Incluso en la industria de la publicidad las emociones se usan para manipularnos. Nadie es tan feliz cuando se lava como la mujer de la publicidad. De hecho, nadie es tan bonita, tan bien vestida y nadie tiene un apartamento tan bien amueblado como la mujer de la publicidad. Las asociaciones desencadenan emociones positivas, que recordamos cuando nos paramos frente al estante del supermercado. Esperamos ser tan felices comprando como la mujer del anuncio. Presta atención a esta manipulación por medio de la comercialización antes de comprar productos de consumo.

¿Cómo puedes enseñarle la inteligencia emocional a los niños?

La inteligencia emocional no es una habilidad innata. Depende principalmente de nuestra educación y personalidad lo bien que podamos tratar con otras personas. Especialmente en nuestra niñez aprendemos a interactuar con otras personas, habilidades sociales y empatía mientras jugamos con otros niños.

Los cuidadores de niños como hermanos, padres, abuelos, maestros o amigos tienen una gran influencia en nuestra inteligencia emocional. Actúan como modelos a seguir y nos moldean en nuestra primera fase de la vida como ningún otro. Esto se debe al hecho de que pasamos la mayor parte de nuestro tiempo con ellos y así adquirimos automáticamente las características que estos cuidadores exhiben.

Dado que la inteligencia emocional se forma especialmente en la infancia, los padres deben empezar a desarrollarla lo antes posible. En la escuela, esta educación social está cubierta por las notas de "comportamiento social". Los padres tratan de promover la competencia social de su hijo mediante el castigo. Pero en realidad, los niños miran la mayor parte de su entorno. Por ejemplo, su interacción con los empleados está determinada por la forma en que la madre trata al personal de limpieza. Si el limpiador es condescendiente, es probable que más adelante trate con la misma condescendencia a los empleados como los camareros u otro personal de servicio. Si el niño nota en la empresa de su padre que este aprecia y elogia a sus empleados, es muy probable que más adelante trate a sus propios colegas con la misma apreciación. La relación de los padres también tiene una gran influencia en el niño. Por ejemplo, es muy probable que el niño tenga una relación conflictiva si los padres solo discuten. Por otro lado, el aprecio, el amor y la igualdad en la relación de los padres también se transfieren a las relaciones posteriores del niño.

Sin embargo, la educación en materia de inteligencia emocional no funciona sin sanciones. Los niños prueban constantemente sus límites y desarrollan su comprensión para tratar con los demás, excediendo sus límites y poniéndose en su lugar. Así que si el niño siempre puede hacer lo que quiere sin que le digan que sus acciones fueron incorrectas, entonces no aprenderá a tratar con otras personas. Piensa en los límites que quiere establecer para tu hijo. Estos límites serán decisivos para el comportamiento social de tu hijo. Se ha demostrado científicamente que las culturas en las que las sanciones por comportamiento no social y las recompensas por comportamiento social son comunes desarrollan mejores habilidades sociales. En la educación, sin embargo, las recompensas son tan importantes como las sanciones. Si quieres que tu hijo sea emocionalmente inteligente, también debes prestar atención a recompensar lo que has hecho bien. Las sanciones y los castigos no deben menospreciar a su hijo y destruir su confianza en sí mismo, sino que deben estimular seriamente la reflexión. Por ejemplo, puedes discutir el error con tu hijo y explicarle lo que ha hecho mal. Tal vez tu hijo también pueda describir la situación desde su propio punto de vista y así darle una visión desde una perspectiva diferente. Incluso puedes ser capaz de entender mejor a tu hijo y darle consejos útiles. Para ayudar a tu hijo a saber lo que puede hacer mejor en el futuro, primero debes describir el mal comportamiento y luego sugerir soluciones alternativas. Por ejemplo, deberías dejar de decir "Detente". Intenta explicar: "Puedes ver que tu hermana está triste cuando le quitas el juguete. Probablemente no quieras que esté triste. Tal vez ella pueda usar el juguete primero y tú puedas conseguirlo después". Anima a tu hijo a compartir. A menudo los niños pequeños no son conscientes de las posibilidades en absoluto. Para el niño solo hay una cosa o la otra. Enseña a tu hijo que hay muchos más. Por medio de estas soluciones sugeridas educas a tu hijo con suavidad y lo pones en su lugar.

8 consejos para aumentar la inteligencia emocional

1. Primero debes averiguar quién eres. Sin una buena conciencia de sí mismo es imposible lograr una alta inteligencia emocional. Repensar y cuestionar tu estilo de vida y preguntarte qué valores representa y cuáles son tus objetivos.

2. Aceptar a cada persona como es. Cada persona es diferente. Ser diferente no significa automáticamente que alguien sea mejor o peor. Deshazte de los prejuicios y del típico pensamiento de encasillamiento. Ten una mente abierta y velo como una oportunidad de aprender de personas con diferentes puntos de vista, culturas o personajes. Acepta que cada uno tiene necesidades diferentes.

3. Mejorar tus habilidades de comunicación a través de discusiones frecuentes. Comunicarte de manera eficiente y directa. Expande tus posibilidades de expresión para que no te falten las palabras adecuadas para expresarte. Atrévete a expresar tus necesidades, pero también muestra gratitud y aprecio a través de tu comunicación.

4. Aprender a resolver conflictos. Un conflicto solo debe ser constructivo. Ver un conflicto o una crítica como una oportunidad para optimizar algo o para desarrollarse más. La comunicación buena y honesta también es importante en un conflicto.

5. Regula tus emociones. No te dejes provocar o irritar, un drama o una rabieta simplemente no vale la pena. Si estás a punto de explotar, abandona la habitación y aléjate rápidamente de la situación. Nadie debería tener más control sobre tu vida que tú. Trabaja en tu equilibrio emocional de esa manera.

6. Intenta ponerte en el lugar de otra persona al menos una vez al día. Comprender que además de las emociones positivas, también se pueden desencadenar emociones negativas. A través de este ejercicio te volverás más compasivo y más considerado con las necesidades de los demás.

7. Siempre serás de ayuda. Si se necesita un voluntario en un futuro próximo, sé voluntario. Trata de hacer el bien a los demás y siempre estarás dispuesto a ayudarlos. Sé la persona de confianza. Pero no dejes que se aprovechen de ti.

8. Disfruta de las cosas que haces. Ve las cosas de la vida desde el lado positivo y cambiar las cosas negativas por positivas. Busca emociones positivas. Acércate a la gente y difunde emociones positivas. Y sonríe tanto como sea posible. Se hace más feliz haciendo felices a los demás también.

Conclusión

¡Es posible aprender sobre inteligencia emocional! Como ya sabes después de leer este libro, puedes aumentar tu inteligencia emocional con solo unos pocos trucos y práctica regular.

La inteligencia emocional es una garantía de éxito. Tan pronto como aceptes los desafíos diarios, cambies tu mentalidad y entrenes tus habilidades emocionales y sociales, te será más fácil interactuar con otras personas día a día. Esto asegura más armonía y satisfacción en tu entorno social y un extraordinario éxito profesional. Convence a tu próximo o actual empleador con tus nuevas habilidades, pruébate a ti mismo lo emocionalmente inteligente que eres y hazte popular en tu entorno social.

Para el entrenamiento de tu inteligencia emocional siempre debes pensar en los 5 pilares de la inteligencia. Aumenta tu autopercepción con el entrenamiento de la atención y tómate un poco de tiempo para ti mismo todos los días. Como has aprendido, solo puedes desplegar tu inteligencia emocional después de haberte cuidado. Por lo tanto, siempre hazte una prioridad. Si has tenido éxito en esto, también eres capaz de autorregularse. A través de la disciplina y el autocontrol puedes regular tus emociones y cambiar toda tu actitud hacia la vida. Simplemente transforma tus pensamientos negativos en positivos y notarás cómo puedes controlar tus emociones con este método. Tú mismo tienes el poder sobre tus pensamientos y emociones. Tu motivación también depende de una buena autopercepción y autorregulación: Sé disciplinado y organizado. No pospongas nada y crea diarios prácticos y listas de tareas para que siempre tengas una visión general de tus tareas. Haz lo que te gusta hacer y recompénsate después de las tareas desagradables. Es una forma fácil de aumentar tu motivación. También puedes aumentar tu empatía y tu competencia social con un poco de práctica. La tolerancia y la aceptación son la clave aquí. Aplica los ejercicios que has aprendido y aumenta tu empatía en pocos días. Las habilidades aprendidas te apoyarán en este proceso.

Al final del libro, se han resumido para usttied 8 consejos importantes sobre cómo aumentar tu inteligencia emocional. Puedes usarlos en tu vida diaria y así entrenarlos diariamente. ¡Ahora nada se interpone en el camino de tu exitoso futuro! ¡Acepta cualquier desafío y disfruta de las ventajas de una alta inteligencia emocional!

La ley de la atracción

El secreto de la ley cósmica

La llave que faltaba para finalmente desbloquear el universo y manifestar tus deseos

Elizabeth Ziegler

Prefacio

Seguramente conoces el dicho popular "Cada uno es el arquitecto de su propia fortuna", pero, ¿y si no es solo un dicho popular? ¿Estás insatisfecho con tu vida? ¿Realmente quieres cambiar algo, pero hasta ahora no has podido hacerlo a pesar de los grandes esfuerzos? ¿No tienes soluciones para tus problemas y por lo tanto no puedes progresar? ¿Te has encontrado con situaciones que creías que te habían sucedido por casualidad? ¿Tenías que pensar en alguien y luego de repente encontrarte con él o ella de nuevo? O tal vez pensaste que algo cayó en tu regazo sin que tuvieras que hacer nada al respecto. Si a veces piensas que el destino juega mal contigo y puedes responder a estas preguntas con un sí, entonces este libro podría cambiar tu vida. Todos estos pensamientos y eventos no te han sucedido por casualidad y tú mismo has tenido una gran influencia en ellos, probablemente bastante inconscientemente hasta ahora, pero queremos cambiar eso ahora con el conocimiento de este libro.

Algunos de ustedes habrán oído hablar de la ley de la atracción. A menudo esta ley de la atracción se presenta como un "secreto", pero no es ni nuevo ni secreto, pero muchas personas no saben de la existencia de la ley de la atracción y por ello no pueden aplicarla específicamente a sus vidas y utilizarla para sí mismos.

Hay conocidos representantes del pasado, tanto filósofos como científicos, que estaban convencidos del efecto de la

Ley de la Atracción y se dice que la han utilizado para sus propias vidas. Incluso hoy en día la ley de la atracción vuelve a gozar del apoyo de numerosos y crecientes seguidores y tú mismo estás a solo unas pocas, pocas páginas de descubrirla y utilizarla para ti mismo.

Nuestra ciencia no puede explicar todo en nuestro universo y mientras tanto la ley de la atracción también está encontrando cada vez más aceptación entre los científicos. Pero, ¿cómo funciona esta ley y cómo puedes usarla para ti mismo? Te diré esto: tu mente subconsciente y la energía de tu corazón son absolutamente esenciales si quieres hacer un cambio en tu vida, porque estas dos cosas son las claves del éxito. Si conoces tus propios deseos, pero también tus miedos, puedes finalmente liberarte de los bloqueos y pensamientos negativos y eliminar todos los obstáculos que te impiden vivir una vida autodeterminada.

Además de la conexión entre los efectos científicos y la Ley de la Atracción, continuarás aprendiendo cómo funciona la Ley de la Atracción y cómo se hace accesible para ti. Los consejos y ejercicios para la vida cotidiana te facilitarán la reprogramación gradual de tu mente subconsciente para la felicidad, la serenidad, el amor, el éxito y todo lo que se le ha negado a tus ojos hasta ahora. En pocas semanas puedes cambiar tu vida para mejor. Estoy deseando hacer este hermoso viaje contigo.

La ley de la Atracción

La ley de la atracción, la ley de la resonancia o ley de la afinidad, encuentra el origen de su término en 1877, cuando Helena Petrova Blavatsky utilizó por primera vez el término en un libro a finales del siglo XIX, y luego también fue utilizado por algunos representantes del nuevo movimiento espiritual. Sin embargo, la ley de la atracción no es algo que se haya descubierto solo en 1877. La ley de la atracción ha existido desde el principio de los tiempos. Representantes de épocas aún más antiguas, como Platón (antiguo filósofo griego), Sir Isaac Newton (naturalista y filósofo inglés), Beethoven (compositor y pianista alemán), Abraham Lincoln (siglo XVI) y otros. (Presidente de los Estados Unidos de América), Ralph Waldo Emerson (escritor y filósofo estadounidense), Thomas Alva Edison (inventor y empresario estadounidense) así como Albert Einstein (físico germano-suizo-estadounidense), por nombrar solo algunos, se dice que ya lo han utilizado para sus propios fines. Como se puede ver, la ley de la atracción ha gozado de gran popularidad en las más diversas épocas y sociedades. También en la lengua vernácula o en la biblia, la idea subyacente puede ser encontrada de nuevo, y también de todas las otras grandes religiones del mundo se pueden encontrar paralelos. Así que se podría decir que la ley de la atracción es parte de las enseñanzas de gran sabiduría que han acompañado a la humanidad durante miles de años.

A través de películas como "El Secreto", la ley de la atracción, que se origina en uno de los siete principios herméticos, ha recibido una vez más una gran atención y con razón. Si aprendes a entender y aplicar la ley de la atracción, puedes usarla para cambiar tu vida para mejor. Tómalo en tus manos y empieza hoy. Para tener éxito, es necesario tener fe en el orden natural y en un poder superior para que tu vida se desarrolle de forma maravillosa.

A través de la autosugestión puede influir en tus pensamientos y sentimientos en tu propio interés y así controlar mejor las circunstancias externas. Es posible cambiar cada área de tu vida: Trabajo, éxito, dinero, salud o amor; la ley de la atracción puede aplicarse básicamente a todas las áreas de la vida. Sin embargo, recuerda que no es magia, así que siempre debes ser realista y no esperar milagros sin tu participación activa.

Pasemos ahora a la explicación de lo que es realmente la ley de la atracción y lo que dice. Si quieres simplificar la ley de la atracción, puedes descomponerla en la siguiente ecuación: "Lo que es igual atrae a lo que es igual".

Esta ley de la atracción debe tener, por lo tanto, un efecto muy impresionante en nosotros los humanos y nuestro medio ambiente, por lo que ya está claro en esta corta ecuación. Cada pensamiento es energía, no se necesitan palabras para enviar energía al mundo. En términos concretos, esto significa para nosotros que nuestra actitud interior, que formamos a través de nuestros pensamientos y sentimientos, así como la energía que enviamos como resultado, inevitablemente tiene un efecto en nuestra vida y las circunstancias externas asociadas a ella. Y recuerda una cosa más: La ley de la atracción está siempre activa, nunca descansa, incluso mientras duerme.

Cada pensamiento y cada sentimiento tiene una cierta energía, liberamos estas energías y las enviamos a nuestro mundo. Si ahora también consideramos que tenemos hasta 60.000 pensamientos cada día y que cada uno de estos pensamientos está hecho de energía, quizás solo ahora podamos adivinar cuánta energía enviamos a nuestro entorno cada día.

Ahora, vamos a llegar a una definición más precisa de estas energías. Cada persona tiene su propio campo de energía. Enviamos cada una de estas energías, que se originan en los pensamientos y sentimientos, pero también en nuestro corazón - llegaremos a esto con más detalle más adelante - a nuestro entorno en forma de un cierto campo de resonancia (campo de oscilación). La fuerza y frecuencia de este campo resonante depende de la naturaleza y fuerza de nuestros pensamientos y sentimientos. Ahora, imagina tu propio campo de resonancia que irradia en todas las direcciones. Para hacerlo un poco más tangible, imagina esta energía emanando de ti como una onda. Llegarás a otras personas y cosas con tu energía/onda en algún lugar de tu entorno, posiblemente resonarás con ellos y así tus energías/resonancias posiblemente se amplificarán mutuamente. ¿Cómo se produciría esta amplificación? Supongamos que te encuentras con el campo de resonancia de otra persona que resuena con ustedes (es decir, que tiene la misma vibración), entonces pueden ponerse en vibración unos a otros y así fortalecer sus energías mutuamente. Si esto sucede, puedes asumir que tú y esta otra persona u objeto están vibrando en la misma frecuencia, lo que significa que tienes los mismos o muy similares objetivos y actitudes hacia ellos. Así que cuando sus dos ondas se encuentran y resuenan, sus ondas se amplificarán mutuamente y se combinarán para formar una onda aún más grande y esa onda resonará más tiempo. Como pueden ver, nada puede escapar tan fácilmente de nuestro campo de oscilación, si ha entrado en resonancia (oscilación) con nosotros, inevitablemente lo atraemos, pero es lo mismo con nosotros mismos, también somos inevitablemente atraídos por los demás. Así que recuerda siempre, cada uno de tus pensamientos tiene sus consecuencias y la ley de la atracción no es una calle de un solo sentido.

Ahora también puede suceder que te encuentres en un campo de resonancia que no corresponda al que estás buscando. Si la energía que alguien más está enviando es mucho más fuerte que la tuya propia, porque una persona cercana a ti puede estar creando un campo de resonancia más fuerte que tú mismo a través de emociones fuertes, puede suceder que el campo de energía enviado por las emociones fuertes tenga un efecto negativo en ti, pero tal vez también uno positivo. Así que, si tu propia resonancia es más débil que la de tu entorno, tu energía puede debilitarse y es posible que seas atraído hacia el otro campo de resonancia y este campo te influya y, por así decirlo, te arrastre. Probablemente ya conoces esas situaciones. Solo recuerda situaciones pasadas en las que tu estado de ánimo fue fuertemente influenciado por otra persona y cambió repentinamente.

Ahora ya reconocerás lo importante que es prestar atención a sí mismo y a tu entorno y vigilar cómo tú y tus compañeros pueden influir en nuestras vidas. Así que recuerda, siempre es mejor rodearse de gente que pueda amplificar tus propias vibraciones o las de aquellos a los que te esfuerzas.

LAS LEYES CÓSMICAS, INCLUYENDO LAS SIETE LEYES HERMÉTICAS PRINCIPIOS NOMBRADOS

El mundo que nos rodea con todos sus procesos podemos entenderlo en la medida de lo posible con la ayuda de las leyes físicas, pero también hay muchas cosas que no pueden ser descritas y comprendidas por estas leyes físicas. Por lo tanto, es obvio que debe haber algo más. Para muchas personas esta otra cosa consiste en las leyes cósmicas, también llamadas los siete principios herméticos. Estas leyes cósmicas regulan todos los eventos del universo en un nivel espiritual, el nivel que la ciencia ya no puede comprender y explicar. Así pues, complementan las leyes físicas. A continuación, les presentaremos las siete leyes del universo, que se basan en la filosofía hermética. Los escritos herméticos, llamados Corpus Hermeticum, tratan del origen del mundo, la forma del universo y la sabiduría divina. Estos siete principios cósmicos están tomados del libro Kybalion, que se basa en la Filosofía Hermética. Nuestra ley de la atracción también forma parte de estos siete principios herméticos.

EL PRINCIPIO DE LA ESPIRITUALIDAD - "TODO ES ESPÍRITU"

Explicación: Tus pensamientos tienen un poder que lo controla todo, el espíritu está por encima de todo y también controla la materia. Puedes crear y también cambiar tu mundo personal con tus pensamientos. Presta atención a tus pensamientos, pueden tener efectos positivos y negativos.

EL PRINCIPIO DE CORRESPONDENCIA - "LO DIVINO CORRESPONDE A LO HUMANO"

Explicación: Se pueden encontrar similitudes en todas partes: grande y pequeño, arriba y abajo, claro y oscuro, dentro y fuera, viejo y joven, etc. Hay una correspondencia/afinidad para todo en este cosmos y todo se complementa entre sí - cada objeto y cada ser vivo. Tus sentimientos dentro de ti también te permiten percibir tu entorno exterior de esta manera. Lo que es igual atrae a lo que es igual.

EL PRINCIPIO DE LA VIBRACIÓN - "TODO ESTÁ EN MOVIMIENTO"

Explicación: Todas las oscilaciones y movimientos se equilibrarán eventualmente. Todo puede levantarse, pero volverá a caer, se balanceará un poco a la izquierda, volverá a balancearse a la derecha, la ley se equilibrará.

EL PRINCIPIO DE LOS OPUESTOS - "LOS OPUESTOS SE ENCUENTRAN EN TODAS PARTES"

Explicación: Todo se complementa a sí mismo por sus opuestos, por ejemplo, lo viejo y lo nuevo.

El principio del ritmo - "todo fluye dentro y fuera".

Explicación: Las mareas son probablemente el mejor ejemplo de este principio, todo fluye hacia adentro y hacia afuera. No puedes anular este efecto, pero puedes usarlo para ti mismo una vez que hayas interiorizado el principio. De esta manera puedes evaluar mejor las consecuencias de tus acciones.

EL PRINCIPIO DE CAUSA Y EFECTO - "TODO TIENE UNA CAUSA

Explicación: Nada en el mundo sucede sin razón, cada acción es seguida por una reacción. A través de nuestros pensamientos y acciones todos tenemos nuestras vidas en nuestras propias manos.

EL PRINCIPIO DE GÉNERO - "HAY ALGO MASCULINO Y ALGO FEMENINO EN TODO"

Explicación: Crear un equilibrio viviendo ambas partes, todo en el universo tiene una parte masculina y otra femenina.

Encontrarás algunos de estos principios a lo largo del libro, porque describen nuestro mundo y son parte de él. No puedes negar estos principios. Incluso si no tienes una inclinación esotérica, encontrarás que hay algo de verdad en los principios y no formulan nada que no exista realmente en nuestro mundo de ninguna manera. A continuación, llegaremos a tres cosas que son importantes para muchos de nosotros en la vida, y los primeros consejos sobre cómo atraer estas cosas a tu vida.

¿Qué es lo que extrañas de tu vida? ¡Consíguelo!

Básicamente, puedes usar la ley de la atracción para atraer cualquier cosa que quieras a tu vida, porque "lo que es igual atrae a lo que es igual" no está limitado a áreas individuales de nuestras vidas. Pero a continuación nos centraremos en tres cosas que son importantes para la mayoría de las personas en la vida, a saber, la prosperidad, la salud y el amor. Empezaremos con el tema de la prosperidad.

PROGRAMARSE PARA LA RIQUEZA

Afrontémoslo, ¿quién no quiere una vida de riqueza? Los humanos definimos la riqueza de maneras muy diferentes, pero concentrémonos primero en la riqueza material, es decir, el dinero. Para atraer el dinero, primero que nada, se necesita un sentimiento positivo sobre el dinero. Ve a tu interior y piensa en tu propio sentimiento personal en relación con el dinero. Es muy importante ser realmente honesto contigo mismo. Probablemente ahora espontáneamente piensas que tienes una actitud positiva hacia el dinero. Sin embargo, si realmente quieres más dinero en tu vida porque piensas que no tienes suficiente, esta es la primera indicación de que tu sentimiento sobre el dinero no es tan positivo como podrías haber pensado, porque de alguna manera sientes que no tienes suficiente. Si ahora cavas más profundamente en tu subconsciente, seguramente descubrirás bloqueos en el tema del dinero en tu pensamiento. Intenta recordar los recuerdos, tanto los positivos como los negativos. Tal vez incluso hagas una lista para visualizar mejor los puntos, porque exactamente estos bloqueos te mantendrán alejado del dinero al final. Los pensamientos sobre la falta de dinero crean una frecuencia que te transporta a un rango de frecuencia en el que no tienes posibilidad de conseguir más dinero. ¿Alguna vez has pensado, "¿No puedo permitirme esto, no tengo dinero de sobra?" La frecuencia de este sentimiento es tan fuerte que no puedes ganar más dinero sin cambiar tus pensamientos, no importa cuánto lo intentes.

Empieza con el cambio de inmediato, convierte "No puedo permitírmelo" en "Puedo permitírmelo", tal vez hasta digas la frase en voz alta frente al espejo. Recuerda una y otra vez que puedes permitírtelo, y siempre formula tus deseos y pensamientos de forma positiva, concentra todos tus pensamientos en tu mayor deseo. Si este deseo es tener mucho dinero, entonces concéntrate exactamente en él e imagínate especialmente la sensación de tener tanto dinero en la mano y poder regalarte algo hermoso. También puede ayudar a poner un billete grande en tu cartera que no quieras romper. También puedes usar un Post-it para pegar un recordatorio de tus pensamientos positivos sobre la nota. Después de unas semanas notarás un cambio, tu actitud interna comenzará a cambiar, aumentarás tu propia frecuencia y entrarás en contacto con personas que están vibrando en tu nueva frecuencia. Puede que conozcas a gente que te ayude a ganar más dinero, o que se te abran nuevas ofertas de trabajo con mejor sueldo. Esta energía positiva que liberarás te llevará más lejos.

El pensamiento del dinero, como todo lo demás en el universo, es energía, así que puedes atraerlo a tu vida, como todo lo demás. Concéntrate plenamente en la riqueza y la abundancia. Necesitas enfocar tus pensamientos en esta única cosa, porque la cosa a la que le des más energía y atención entrará en tu vida.

Aquí hay algunas formulaciones positivas que pueden ayudarte a centrar tus pensamientos en el dinero:

- Puedo permitirme
- Tengo derecho a la riqueza y la prosperidad
- Amo el dinero, el dinero es algo absolutamente positivo
- Puedes hacer mucho bien con el dinero
- Muchas gracias por todo el dinero que he tenido, tengo y tendré en el futuro.
- Todo lo que comparto vuelve a mí cien veces...

Confía en que recibirás dinero, te preocuparás menos de cómo te llegará el dinero. Puede llegar a ti a través de un cambio de trabajo, un aumento, un regalo, un beneficio, y muchas otras formas, pero no desperdicies tu energía pensando en cómo te llegará. Solo recuerda que el dinero te llegará y lo positivo que es tu sentimiento al respecto y cómo te sentirás cuando tengas más dinero a tu disposición. Tal vez también intentes simplemente imaginar que ya tienes más dinero a tu disposición, para que puedas fortalecer los sentimientos, porque las energías que se liberan por los sentimientos fuertes tienen un poder aún más fuerte. En apoyo puedes escribir los eventos que te hacen atraer el dinero con éxito, también puedes escribir cómo será tu vida con los medios financieros deseados. Entra en detalles aquí y también documenta tus reacciones y sentimientos esperados. Lee lo que has escrito una y otra vez para que te recuerden los sentimientos positivos y disfrutes del presente y de lo que puedes permitirte en este momento, así como de los pequeños éxitos.

Una vez que hayas alcanzado tu objetivo, todo lo que tienes que hacer es asegurarse de no desarrollar el miedo a la pérdida y así volver a otro rango de frecuencia. Si regalas o donas algo de tu dinero, haces feliz a los demás e imaginas que tienes suficiente, entonces esto también te traerá más bendiciones de dinero y el sentimiento de compartir y ayudar es algo maravilloso que te ayuda a mantener tu frecuencia.

SALUD AUTODETERMINADA

Para que la ley de la atracción funcione, primero debes ser consciente de lo que estás pensando y sintiendo. ¿Qué haces todos los días? La mayoría de las veces actuamos de una manera muy específica sin darnos cuenta de por qué actuamos así.

Lo mismo puede decirse del tema de la salud. ¿Tienes problemas de salud? ¿Han sido precedidos por un pensamiento negativo? Normalmente todo comienza con un pensamiento negativo, que a su vez desencadena otros pensamientos negativos, que a su vez desencadenan muchos sentimientos negativos. Esta energía liberada de esta manera es increíblemente fuerte y de alguna manera es obvio que debe tener un efecto en nuestro bienestar. En algún momento, a través de toda esta negatividad y la resultante atracción de más pensamientos negativos, algo se asentará en nuestro cuerpo. Esto podría ser ya una enfermedad o también al principio solo una molestia, pero que lentamente nos hace enfermar. Los temores se extienden y el proceso sigue su curso. Pero, así como esta enfermedad te ha alcanzado, también puedes deshacerte de ella de nuevo. Sé activo, no dejes que los miedos determinen tu vida. El perdón también puede jugar un gran papel aquí, a menudo es el caso de que hemos sido heridos por otros. Este resentimiento, que luego llevamos dentro de nosotros porque no hemos perdonado a la persona, siempre vuelve a nosotros. Desafortunadamente, las energías liberadas aquí a través de sentimientos como la ira y el odio solo nos dañan a nosotros mismos, llevamos estas energías en nosotros y cada vez que pensamos en esta persona o en la situación, liberamos estos sentimientos y energías negativas y nos dañamos solo a nosotros mismos.

Piensa en tu salud y perdona a otras personas que te han hecho daño en algún momento. Si tiendes a pensar siempre en las enfermedades y tienes miedo de enfermarte, solo dañarás tu cuerpo y tu psique. Si realmente estás enfermo o te sientes mal, ponte en contacto con tu médico o con un médico alternativo. No demores un examen, no pienses tanto en las enfermedades, actúa activamente y haz algo al respecto. Haz algo por tu bienestar y para que los pensamientos negativos te abandonen. Recuerda que quieres volver a ser deslumbrante pronto e imagina este momento. ¿Qué se sentirá cuando vuelvas a estar en forma? Haz algo que te dé placer, y si notas una mejora en tu bienestar, toma nota de ello para tener una visión general de lo que tú y tu cuerpo ya han logrado.

Frases y pensamientos como los siguientes pueden ayudarte a hacer esto:

- Mi cuerpo es fuerte y saludable, no hay nada que no pueda hacer
- Me siento cómodo en mi piel
- Estoy en forma y soy poderoso y puedo arrancar árboles
- Estoy agradecido de estar bien.

No hace daño escucharse a sí mismo una y otra vez, siempre busca algo positivo para orientarte. Intenta alegrarte de los pequeños éxitos y percibirlos, porque desgraciadamente, solemos desvanecer los pequeños éxitos rápidamente. Agradece todo lo que tu cuerpo y tu psique hacen por ti cada día.

SI QUIERES AMOR Y LA FELICIDAD

También puedes usar la ley de la atracción para atraer el amor y la felicidad a tu vida, pero como en todas las demás áreas, nada podrá cambiar sin tu participación activa. Debes estar abierto a esto y también abierto a la asociación. Si estás en una sociedad, la Ley de la Atracción puede ayudarte a darle forma según tus deseos y a vivir una vida más feliz en ella.

Aquí también, la regla es: escucha en tu interior. ¿Qué es lo que realmente quieres? ¿Estás listo para una sociedad? ¿Está satisfecho con su asociación? ¿Eres feliz y si no, qué quieres cambiar? Tu actitud interior es increíblemente importante, libérate de los miedos. Si el sentimiento de amor está arraigado en ti, te encontrarás con tus semejantes con buena voluntad y aprecio. Sin embargo, si tienes miedo y por lo tanto suprimes tus necesidades, también suprimirás las necesidades de tu entorno. El aura negativa que te rodea entonces te impedirá atraer el amor y la felicidad a tu vida.

Las siguientes frases pueden ayudarte a atraer el amor y la felicidad a tu vida:

- Amo a mi entorno y a mis semejantes
- Amo mi vida y estoy feliz por la gran gente que me rodea.
- Estoy agradecido por las personas que amo y que me aman.
- Soy feliz en mi asociación
- Encontraré la pareja perfecta y esperaré con ansias el maravilloso momento con él

Puedes formular lo que quieras y no lo olvides: Siempre sé positivo en tus formulaciones. Ten en cuenta que todo saldrá como tú quieres y esperas y escribe cuando algo que quieres se haga realidad o cuando conozcas a gente nueva y genial.

El hecho de que nuestros pensamientos influyan en nuestros sentimientos y así liberen fuertes energías no ha pasado ciertamente desapercibido. En realidad, es el caso de que nuestros pensamientos influyen en nuestros sentimientos y no al revés, y como ya sabes, cada pensamiento es energía. Pero hay algo más que nos da energías muy fuertes. A continuación, llegamos a un importante órgano que puede hacer mucho más de lo que algunos podrían creer a primera vista.

NUESTRO CORAZÓN ES NUESTRO GENERADOR MÁS ENERGÉTICO

La ciencia y la medicina convencional nos han enseñado desde hace mucho tiempo que el corazón tiene una sola función, a saber, bombear sangre a nuestros cuerpos. ¿Pero por qué el corazón ha sido considerado un símbolo de amor y sentimientos en la sociedad desde la antigüedad? Una y otra vez nos encontramos con declaraciones que atribuyen un efecto emocional al corazón, de alguna manera estas declaraciones también deben tener un significado.

El Instituto de Matemáticas del Corazón ha hecho un descubrimiento revolucionario. El instituto realizó investigaciones en el campo de la fisiología emocional y su conexión entre el corazón y el cerebro. A través de su investigación, el Instituto concluyó que el corazón es un radar emocional. Resultó que nuestro corazón es el generador de energía más poderoso de nuestro cuerpo. Este generador interactúa con todo y todo interactúa con nosotros. Las reacciones a las emociones generan campos magnéticos y eléctricos que se comunican con nuestros órganos y así controlan las endorfinas, las hormonas y otros procesos del cuerpo. Nuestro corazón tiene su propio sistema nervioso complejo, también llamado "cerebro del corazón", y envía mucha más y más poderosa información (5.000 veces más) a nuestro cerebro que al revés.

Así, nuestro cerebro recibe señales de nuestro corazón y no actúa de forma independiente, como se ha supuesto durante mucho tiempo. Ahora imagina nuestro corazón como un traductor, transforma nuestros sentimientos y creencias en vibraciones magnéticas y eléctricas. Como también se ha señalado, estamos rodeados por un fuerte campo electromagnético a través de la función de nuestro corazón. Puedes imaginar la forma de este campo aproximadamente como una rosquilla. Este campo electromagnético del corazón con su radio de acción de unos 2,5 metros, que es solo el radio medible, llega mucho más allá de nuestro cuerpo y afecta a nuestro medio ambiente. Este campo de energía es mucho más grande que el campo de energía de nuestro cerebro y se supone que el efecto de este campo de energía es mucho mayor que el radio de acción medido sugeriría. Si ahora dejamos que todos estos resultados de la investigación nos afecten, descubriremos que el hombre con todas sus energías es un ser verdaderamente energético. En épocas pasadas, los humanos sabíamos cómo usar y explotar plenamente estas energías del corazón. La sociedad occidental actual se ha orientado cada vez más hacia la mente y ahora se acerca a todo con una forma de pensar más científica. Muchas cosas suceden sin que nuestra conciencia sea percibida adecuadamente. Sin embargo, no es demasiado tarde para aprender a usar estas energías para nosotros. Con una respiración consciente y una memoria positiva y emocional podemos conseguir que los latidos y el ritmo de nuestro corazón estén en armonía con nuestros otros ritmos corporales. A continuación, te presentaré la respiración del corazón. Unos 10 minutos al día durante un período de 14 días son suficientes para que el corazón, la respiración y el ritmo cerebral se armonicen con relativa rapidez. Es mejor empezar con el ejercicio inmediatamente.

1. Encuentra un lugar tranquilo donde no te molesten y cierra los ojos.

2. Dirige toda tu atención al centro del pecho, a la región del corazón.

3. Imagina la sensación de inhalar y exhalar lentamente a través de tu corazón.

4 Si encuentras que esta respiración es fácil, ponte en un recuerdo en el que te sientas particularmente cómodo y seguro. La mejor manera de hacerlo es a través de imágenes, pensar en una persona particularmente querida o en un fenómeno natural o en unas grandes vacaciones y ahora ponerse en los sentimientos que se asocian con ella. ¿Cómo te sentiste? ¿Cómo se sintió tu cuerpo?

5. Ahora trata de mantener la respiración del corazón y la memoria del cuerpo durante 10 minutos.

6. Si tienes otros pensamientos entremedios, deja que vengan a tu mente, cuando se calmen, enfócate fácilmente en tu respiración del corazón y en la memoria del cuerpo de nuevo.

Te deseo mucha diversión y éxito con este ejercicio y recuerda: Cuanto más a menudo repitas este ejercicio, más fácil te resultará. Tómate tiempo para ti, para tu cuerpo y su alma y disfruta de la paz y la tranquilidad.

La ciencia y los efectos en nuestras propias energías

¿Qué leyes de la naturaleza prevalecen en nuestro universo y cómo funcionan? Los humanos vivimos en el mesocosmo, así es como el área que percibimos se describe en el sentido físico. Las leyes de la naturaleza que se aplican aquí son ampliamente conocidas por nosotros. Además de este mesocosmos, también hay un microcosmos y un macrocosmos. El microcosmos describe nuestro mundo a nivel celular. En este nivel celular encontramos moléculas, como nuestro ADN, entre otras. Las moléculas suelen estar formadas por dos o más átomos, que a su vez pueden descomponerse en partículas aún más pequeñas. Ya en la escuela hemos aprendido que la materia (por ejemplo, un coche, una mesa, un trozo de metal y también nosotros los humanos, etc.) está compuesta por átomos individuales, que a su vez están formados por electrones, neutrones y protones, entre los cuales hay mucho espacio vacío. Así, el modelo atómico nos explica que nuestra materia está compuesta en su mayor parte de espacio vacío, por lo que la materia consiste en mucho de nada.

El microcosmos apenas puede ser comprendido por nosotros y es casi imposible para nosotros entender las leyes de la naturaleza que se aplican aquí. Por supuesto, también tenemos el macrocosmos. Esto describe el universo, el sistema solar, todo el universo, aquí también hay leyes de la naturaleza que no todos conocemos y que no podemos comprender, no tenemos una idea exacta de cuán grande es el macrocosmos. Estamos hablando de la teoría de la relatividad, que trata de la variabilidad del espacio y el tiempo. Es una teoría, lo que significa que este espacio es básicamente absolutamente desconocido para nosotros, y de alguna manera nos quedamos sin muchas respuestas a nuestras preguntas sobre nuestro universo.

TODO ES ENERGÍA

Pasemos al tema de la energía. Las partículas elementales (electrones, etc.) mencionadas anteriormente se comportan como ondas electromagnéticas en diferentes pruebas o experimentos. Este fenómeno se ha conocido como la dualidad onda-partícula en la física. Solo puede ser superado por la teoría de cuerdas y la física cuántica. Estos dicen que la unidad más pequeña de todo ser es una cuerda vibrante (llamada resonancia, el término viene del campo de la acústica), que crea materia cuando vibra de una manera muy específica. Hagámoslo breve: La física nos enseña que incluso los componentes más pequeños de nuestra materia tienen propiedades ondulatorias, por lo que consiste en una cierta oscilación con una cierta frecuencia, que a su vez se basa en la energía. Así, la física proporciona pruebas fiables de que todo lo que existe consiste en energía vibratoria, y debemos recordar esta información.

La física solo puede describir la energía, pero no nos da una explicación completa de la misma. Entonces, ¿qué es la energía? Las definiciones habituales describen la energía de la siguiente manera: "La energía es la capacidad de hacer trabajos mecánicos, de emitir calor o irradiar luz. La energía puede tomar varias formas, como la energía eléctrica, térmica, mecánica o química, o la energía de los campos eléctricos y magnéticos. La energía puede ser transferida (transportada) de un cuerpo a otros cuerpos, la energía puede ser convertida de una forma a otras formas". Estas descripciones permiten ahora sacar conclusiones sobre los efectos, pero todavía no dan una descripción concreta. En la antigua Grecia ya había una idea más precisa sobre la energía. La palabra "energía" se explica en un diccionario de términos filosóficos de la siguiente manera: La palabra energía se remonta a la antigua palabra griega enérgeia, que en la antigua Grecia tenía un significado exclusivamente filosófico de realidad viva y eficacia.

ENERGÍA FÍSICA VS. ENERGÍA SUTIL

Como sabemos ahora, la energía material en el sentido físico tiene muchas formas. Puede ser térmica, eléctrica, etc., pero ¿cuál de ellas es la energía sutil? Esto se llama energía de materiales finos en el sentido filosófico, y la ley de la atracción también debería beneficiarse de ella. Para explicar la energía sutil, tenemos que dejar el mundo físico por un momento, porque ninguna de las energías materiales mencionadas aquí es muy probablemente la energía sutil que estamos buscando. Recordemos una vez más: hay tanto en el micro y macrocosmos que no podemos entender y comprender. Pero la energía sutil puede muy bien ser medida y percibida en nuestro mundo físico. En el libro "La Ciencia de la Homeopatía", la energía sutil es descrita como la energía que toma el siguiente espacio-tiempo o incluso otros espacio-tiempos. Aparece en el espacio tiempo negativo y tiene masa negativa. Es magnético y se mueve más rápido que la velocidad de la luz. En resumen, esto significa que la energía sutil no puede ser vista, pero los efectos paranormales pueden ser observados. Así que, si se miden los campos electromagnéticos del mundo físico y se detectan desviaciones y anomalías, esto puede atribuirse a la influencia de las energías sutiles. A continuación, se da una explicación de la medición.

¿QUÉ HACE A LA NEUROCIENCIA COMO LA DEFINICIÓN DE UN PENSAMIENTO?

Los neurocientíficos definen un pensamiento de la siguiente manera: "Un pensamiento es creado por la transferencia de electrones a las sinapsis". Hasta ahora todo bien. Eso significa que nuestros pensamientos, que son electrones, también son ondas electromagnéticas. Nikola Tesla dijo: "Si quieres encontrar los secretos del universo, piensa en términos de energía, frecuencia y vibración".

Las ondas escalares que Tesla descubrió se encuentran en algún lugar entre las ondas físicas y las ondas sutiles. ¿Y qué pasa si nuestros pensamientos se envían como ondas escalares o similares a través de la concentración y la alineación específica? Esto explicaría las curaciones que vienen de lejos u otros fenómenos. En su investigación Tesla descubrió una onda desconocida que se movía 1,5 veces más rápido que la velocidad de la luz. La definición de energía sutil se describe como más rápida que la velocidad de la luz y por lo tanto está fuera de las dimensiones físicas. Todo esto prueba que, a pesar de todos los incrédulos, hay un conocimiento apoyado físicamente que confirma que nuestros pensamientos tienen una inmensa energía y por lo tanto poder sobre nosotros y nuestro mundo.

¿QUÉ ES EN REALIDAD LA RESONANCIA EN EL SENTIDO FÍSICO? COMUNICACIÓN A NIVEL DE VIBRACIÓN - INTERFERENCIA

La palabra resonancia se deriva de la palabra latina resonare, que significa "hacer eco". La resonancia describe el siguiente fenómeno: En la vida cotidiana, así como en todos los sistemas técnicos y físicos capaces de vibrar, puede producirse una resonancia. En el campo técnico, las resonancias se utilizan a menudo para amplificar o filtrar ciertas frecuencias. Sin embargo, en las zonas donde no se desea la amplificación, debe evitarse la resonancia.

Imaginemos ahora que todo esto es como una ola. Si dos ondas se acercan entre sí y se superponen, se puede amplificar la oscilación, siempre que estén sincronizadas. Si no es así y dos ondas no sincronizadas se superponen, se anulan entre sí, por lo que también se puede llamar vibración perjudicial.

Recordemos: Lo mismo ocurre con nuestra ley de la atracción, las ondas sincrónicas se superponen, nuestro efecto y energía se amplifican.

NUESTRO CEREBRO ES CAPAZ DE APRENDER

Durante mucho tiempo se creyó que lo que nuestro cerebro aprende a una edad temprana se aplica a toda nuestra vida posterior. Esto ha sido refutado: De hecho, el cerebro es maleable incluso en la edad adulta. Esto se llama neuroplasticidad. Esta llamada neuroplasticidad es la capacidad de adaptarse a nuevas condiciones. Nuestro cerebro está en constante desarrollo y es posible adaptar los viejos patrones de comportamiento a los nuevos. Por lo tanto, somos capaces de cambiar nuestra estructura cerebral haciendo ejercicios con nuestros pensamientos. También somos capaces de activar nuestros poderes de autocuración. Nunca es demasiado tarde para reprogramar el cerebro, la nueva formación solo necesita tiempo. Las sinapsis individuales, las células nerviosas, así como las áreas enteras del cerebro tienen esta plasticidad. En el caso de las lesiones del tejido neuronal, nos beneficiamos de esta plasticidad. Por otra parte, es un proceso completamente natural que permite a nuestro cuerpo y organismo ajustarse y adaptarse a los posibles cambios. Sin plasticidad no habría procesos de aprendizaje. Utilizaremos estos procesos de aprendizaje más adelante, porque el cambio de sus patrones de comportamiento anteriores es necesario para tener éxito.

LA COSA CON LOS GENES

Pasemos ahora al tema de la epigenética. La epigenética describe la capacidad de la célula para activar y desactivar nuestros genes bajo la influencia de circunstancias y factores externos (por ejemplo, la nutrición, el estrés y las influencias ambientales). En resumen, esto significa que el material genético heredado permite el acceso a nuestro material genético. Este mecanismo fue pasado por alto durante mucho tiempo. La física cuántica y la epigenética confirman las reacciones bioquímicas en las 100.000 proteínas diferentes de la célula individual y también los cambios en los genes, y esto a través de sentimientos, palabras, pensamientos y factores ambientales. Los resultados de nuevas investigaciones muestran que el desarrollo de enfermedades o cambios en los rasgos de la personalidad pueden ser influenciados epigenéticamente.

Por lo tanto, una cosa es cierta: no estamos completamente a merced de nuestros genes. Al elegir nuestro estilo de vida de forma muy específica, podemos influir en parte de nuestra composición genética con un estilo de vida saludable, como el ejercicio, una dieta equilibrada, evitar el estrés y una forma de pensar positiva. Por lo tanto, también es importante mantener el estrés y la negatividad fuera de tu vida tanto como sea posible.

Alejémonos ahora de la parte científica y volvamos lentamente a nuestra ley de la atracción.

Estás haciendo un gran trabajo y eres un creador

¿No está en la naturaleza del hombre ser y crear? Tú mismo eres el creador diario de tu propia vida, pero también de otras. Entonces, ¿también eres el creador de tus ideas? Puedes fortalecer o debilitar la vibración de otros, así como tu propia vibración o resonancia. Tienes increíbles recursos a tu disposición, solo tienes que estar dispuesto a asumir la responsabilidad de tus eventos presentes y futuros en tu vida. Tu actitud interior se convierte en tu vida.

Los humanos somos conscientes de que influimos en los demás, esto se basa en la reciprocidad. A través de nuestros sentimientos y pensamientos influenciamos no solo nuestro propio bienestar sino también el de nuestros compañeros. Es importante con qué personas te rodeas. Si tienes ciertos objetivos y no has podido alcanzarlos hasta ahora, esto podría deberse a tu entorno cotidiano. Mira a tu alrededor en tu entorno, ¿qué personas se encuentran allí? ¿Cuán fuerte es la influencia de estas personas en ti y cuánto de ti mismo influye en estas personas? Tan pronto como piensas, activas la ley de la atracción, está básicamente permanentemente activa, no puede ser apagada. Con 60.000 pensamientos al día, es increíblemente importante practicar la higiene de los pensamientos y usar los pensamientos y sentimientos y las energías liberadas a través de ellos de la manera más sensata posible y en su beneficio. La ley de la atracción sigue funcionando incluso en el sueño, tenlo en cuenta. Por lo tanto, siempre debes elegir tus pensamientos antes de dormir con mucho cuidado, un pensamiento positivo antes de dormir llega a tu subconsciente como ningún otro y sienta las bases de tus energías a la mañana siguiente. A veces también es así que nos sentimos controlados por el extranjero, tenemos la sensación de no ser nosotros mismos y no tenemos control sobre nuestras acciones, pensamientos y sentimientos. Factores energéticos externos pueden bloquearnos, pueden nublar nuestra visión de las cosas.

Es importante liberar estos bloqueos, para romper viejos patrones de comportamiento. Si algo es bueno o malo... De acuerdo con esto, la ley de la atracción no hace diferencias, la distinción está determinada únicamente por su evaluación personal. Solo cuando ponemos algo en perspectiva lo definimos como bueno o malo. Tomemos el siguiente ejemplo: Suponemos que tenemos 1.000,00 euros en nuestra cuenta. Si alguien más tiene 1.500,00 euros en su cuenta, que es más de lo que tenemos nosotros mismos, podríamos sentirnos en desventaja y triste. Si alguien tiene menos dinero que nosotros, digamos 500,00 euros, nos sentimos aventajados y probablemente superiores y surge un sentimiento de satisfacción. Pero recuerda, nada ha cambiado en el balance de tu propia cuenta, no te has vuelto ni más pobre ni más rico, solo la visión de las cosas ha cambiado debido a factores externos.

Esta evaluación que hemos hecho desencadena un sentimiento en nosotros, que puede ser bueno o malo. La frecuencia en la que transmitiremos depende de esta sensación, la energía que se libera y el campo de resonancia resultante. De este sentimiento también depende lo que vamos a atraer, fiel al lema "Lo que es igual atrae a lo que es igual".

Pasemos ahora al cerebro humano y al procesamiento de la información. Para ser el creador de tus deseos e ideas, es importante saber que nuestro cerebro no conoce el NO. Si te preocupa algo que te parece negativo, pensemos lo siguiente: "No quiero enfermarme". En este punto tengo que decirte, por desgracia, que no es completamente improbable que te enfermes, porque tienes este pensamiento formulado negativamente y lo piensas una y otra vez. Recuerda, tu cerebro no reconoce el NO. En este caso tu cerebro lamentablemente solo procesará el hecho de que quieres enfermar, porque piensas en ello tan a menudo y generas tanta energía para este pensamiento que no puede venir de otra manera. Por lo tanto, deberías formular y desear este pensamiento de la siguiente manera: "Estoy y seguiré estando sano". También generará una fuerte energía con este pensamiento, pero una información clara llega a su cerebro, es decir, lo que quieres, y eso es lo que obtendrás.

Ciertamente tienes gente en tu círculo de amigos o conocidos que te describirían como consistentemente positivo. Estas personas a menudo parecen como si fueras ingenuo, solo ves lo bueno en todo e incluso si algo te sucede - en tus ojos tal vez malo - sacas algo positivo de ello. Observa a estas personas, verás que están agradecidos y equilibrados. Me gustaría acercar este estado a ti, porque esta gente ya utiliza la ley de la atracción para sí mismos. A veces las personas atraemos algo de manera específica y consciente, pero a menudo también es el caso de que esto sucede de manera inconsciente. La atracción consciente suele ser buena para nosotros, mientras que la atracción inconsciente suele basarse en sentimientos y pensamientos que no están realmente claros para nosotros. Los resultados que resultan de estas atracciones inconscientes son a menudo drásticos.

El poder del Pensamiento

Que nuestros pensamientos tienen un gran poder debe estar claro para todos nosotros, porque nuestros pensamientos influyen en nuestros sentimientos y por lo tanto en toda nuestra vida. Los estudios científicos demuestran que los pensamientos negativos tienen un efecto en la psique y también en el cuerpo, pueden dar una sensación de impotencia, pueden ser la razón de frecuentes resfriados o tensiones, pueden causar problemas en las relaciones, pueden hacerte sentir desganado, causar agotamiento o causar estrés en la vida cotidiana.

Las personas afectadas por pensamientos negativos suelen estar también tristes o deprimidas por ellos. Estos son sentimientos muy fuertes que tienen un efecto aún más fuerte en nosotros. ¿Luchas a menudo con los miedos, te frustras, te quejas y simplemente estás insatisfecho con tu vida? ¿Quizás simplemente tienes mucho contacto con gente pesimista? Si es así, atraerás más cosas negativas según la ley de la atracción. Ahora estás vibrando en una frecuencia baja, otras personas que piensan y sienten de la misma manera que tú también están vibrando en una frecuencia baja y ahora están enviando el mismo campo de resonancia al mundo. Recordamos una vez más: "Lo que es igual atrae a lo que es igual". Y aquí es exactamente donde está el problema. Cuando tus dos o más resonancias de la misma frecuencia se encuentran y se superponen, la vibración aumenta. ¿Qué tipo de personas, cosas y situaciones crees que atraerás ahora, cuando esta vibración se amplifique aún más por otras vibraciones de la misma frecuencia? Así que lo que dices, crees o piensas ocurrirá en algún momento. No importa si esto ocurre consciente o inconscientemente. Trataré de darte una comprensión de esto con algunos ejemplos:

Lo que dijiste o un pensamiento	Esto es lo que tu mente subconsciente hace	¿Cómo puedes convertir esto en algo positivo
Me temo que llegaré tarde.	Lo haré y quiero llegar tarde.	Puedo hacer esto y llegaré a tiempo.
No quiero enfermarme.	Me estoy poniendo y queriendo ponerme enferma.	Estoy sano y feliz.
No quiero ser pobre.	Quiero ser pobre.	Puedo permitírmelo y tengo suficiente dinero.

Lo que pasa en tu cabeza y cómo lo manejas determinará cómo te sientes. A veces no sabemos realmente lo que estamos pensando. Hay pensamientos conscientes e inconscientes. Los pensamientos inconscientes pueden ser a veces los obstáculos aquí, porque ¿cómo los descubrimos? Es importante que seas siempre honesto contigo mismo, porque no tendrás ningún beneficio al engañarte a ti mismo. Acepta los pensamientos negativos que puedas estar tratando de suprimir y deja que salgan a la superficie. A veces ayuda escribirlas. No tengas miedo de estos pensamientos, mucha gente se desespera cuando ahora piensa para sí misma: "No debo pensar más en pensamientos negativos, de lo contrario arruinaré mi vida". El tiempo que transcurre entre un pensamiento y su manifestación te da el tiempo y la oportunidad de reemplazar tu pensamiento negativo por uno positivo y así dejarlo ir. Internalizar esto, puede usar este tiempo de espera para ti y reformular el pensamiento.

Tal vez también recuerda frases de tu infancia, como "¿Cuántas veces te he dicho que no hagas esto? Solo estás bromeando. No puedes hacer esto". Si has escuchado estas frases con suficiente frecuencia, finalmente las creerás. Tu conciencia, y especialmente la conciencia infantil, las absorbe y las almacena como verdades reales. Escondes tantas situaciones que has dominado con éxito en el pasado. Muchos de nuestros pensamientos no son caseros, otras personas los evocan en nosotros, por lo que una sana desconfianza de tales pensamientos es absolutamente apropiada. ¿Te das cuenta de dónde vienen tus pensamientos negativos, quién los ha desencadenado y causado? ¿De dónde vienen estas dudas sobre ti mismo? La mayoría de las respuestas a estas preguntas se pueden encontrar en la infancia, porque es exactamente en este momento de nuestra vida que nuestra conciencia está abierta y no filtra nada. Mucho de lo que escuchamos y experimentamos en nuestra infancia se convierte en nuestras creencias. No tengas miedo de tus pensamientos, puedes analizarlos una vez que los conozcas y a menudo descubrirás que no son verdaderos en absoluto. Estos pensamientos a menudo no se corresponden con la realidad. Así que libérate de la espiral descendente con el conocimiento de tus malos pensamientos. Estos pensamientos (actitudes, opiniones, creencias) son el resultado de su propio procesamiento y evaluación de experiencias pasadas. Así que nota un nuevo pensamiento negativo, permítelo y trata de no evaluarlo tan fuertemente esta vez, porque es esta evaluación la que lo hace tan fuerte que puede influir en tus sentimientos y en tu subconsciente. No se trata en absoluto de no tener más pensamientos negativos, casi ninguno de nosotros será capaz de hacerlo. Se trata más bien de cómo manejar los pensamientos negativos en el futuro y cuánto espacio les das en tu vida. Así que no te condenes a ti mismo cuando te sorprendas a ti mismo pensando en pensamientos negativos, sé consciente de lo que está pasando dentro de ti, sé siempre consciente y no tomes el pensamiento con este conocimiento tan en serio nunca más.

Tal vez la próxima vez te hagas las siguientes preguntas, para que puedas usar el pensamiento para ti mismo: ¿Es realmente cierto el pensamiento? ¿Podría quizás descubrir otra perspectiva sobre ello? ¿Cómo puedo seguir viendo este pensamiento? ¿De qué me sirve este pensamiento? ¿El pensamiento es quizás una absoluta tontería? ¿Hay razones para esto? ¿Puedo refutarlo? Tomemos un ejemplo para ilustrar todo el asunto un poco más claramente: "¿Realmente no estoy haciendo nada bien, es esto la verdad? Bueno, tal vez no funcionó tan bien esta vez, pero cuando pienso en cuántas veces lo he hecho realmente bien, puedo estar orgulloso de ello. Lo haré mejor la próxima vez. Verás, un pensamiento inicialmente negativo puede convertirse en algo positivo por la espiral de pensamiento correcto y el pensamiento ya no es una carga. No subestimes el efecto de tus pensamientos en otras personas. Si no piensas bien de los demás o no les permites algo, siempre es un indicio de que no estás en paz contigo mismo. En algún lugar de ti hay insatisfacción, así que estos pensamientos negativos sobre los demás no dañarán a los demás, sino solo a ti mismo.

Con el tiempo y un poco de práctica descubrirás cada vez más a menudo que todo lo que antes te parecía pesado casi se desvanece en el aire. Al final de este capítulo te proporcionaré una lista de verificación que puede ayudarte a deshacerse de los pensamientos negativos en situaciones agudas y a mitigarlos. Por favor, nunca lo olvides, todos somos capaces de cambiar nuestras vidas y cambiar la frecuencia, no tienes que permanecer en esta baja frecuencia.

Pasemos ahora a los pensamientos positivos. Si lo que te pasa ahora es exactamente lo contrario y es una persona muy positiva con un círculo de amigos y conocidos completamente positivo y con buenos sentimientos y pensamientos que te hacen feliz y alegre, entonces lógicamente atraerás cosas positivas. En este caso no debes distraerse con tus pensamientos positivos, como lo has hecho hasta ahora. Tienes lo que a menudo llamamos un aura positiva. Intuitivamente te mantienes alejado de las personalidades problemáticas y por lo tanto tienes menos conflictos. Según las encuestas, las personas de pensamiento positivo suelen tener más éxito en sus trabajos, ven oportunidades en cosas que parecen ser obstáculos para los demás y creen fundamentalmente que algo tendrá éxito y no fracasará. Ser positivo no significa estar fuera de la realidad. Tú simplemente has tomado la responsabilidad de tu vida y es consciente de que eres responsable de tu propio bienestar. Para restablecer la referencia a la ley de la atracción: En este caso tienes una frecuencia mucho más alta y resuenas con personas, eventos y cosas que están en tu rango de resonancia. Tu energía, cuando te encuentras con otras energías de la misma frecuencia, amplificará la resonancia y atraerá cosas aún más positivas. Pero recuerda: con este conocimiento no puedes esperar que todo se desarrolle por sí solo en el futuro, podemos influir en los acontecimientos, pero sin nuestra participación activa no podemos esperar milagros.

Si quieres cambiar algo en tu vida y ya sospechas que podrías estar en espirales de pensamiento que podrían bloquear tus deseos y metas reales, ya has dado un gran paso en la dirección correcta. Tú mismo debes querer un cambio y estar listo para ello y permitirlo. Tus pensamientos determinan tus sentimientos y estos liberan una energía aún más fuerte.

LISTA DE CONTROL PARA EVITAR EL DEBILITAMIENTO DE LOS PENSAMIENTOS

o Reconocer el pensamiento negativo y escribirlo.

o Acepta el pensamiento negativo, trata de no suprimirlo o distraerte de él, pero acéptalo.

o Ser escéptico y cuestionar el pensamiento. ¿De dónde viene este pensamiento? ¿Qué beneficio obtienes de este pensamiento? ¿Realmente el pensamiento corresponde a la verdad? ¿Cuáles son las razones contra el pensamiento? ¿Puedes pensar en ejemplos positivos que invaliden el pensamiento?

o Reemplazar el pensamiento negativo con un pensamiento positivo más fuerte. Escribe el pensamiento positivo, por ejemplo: "Puedo hacer todo y puedo hacer esto. Visualiza el nuevo pensamiento e imagina cómo se siente el éxito.

o Mantente alerta. Especialmente al principio de un nuevo proceso de aprendizaje, los humanos tendemos a caer en viejos patrones de comportamiento. Si un pensamiento negativo te viene a la mente de nuevo, empieza de nuevo en la parte superior de la lista.

Además de la lista de control, puedes aumentar la calidad de tu vida a través de la atención. No siempre se trata de lo que hacemos, sino de cómo lo hacemos. Las cargas causadas por sentimientos como el estrés o la ansiedad son grandes peligros para nosotros y para nuestra salud y muchos de nosotros solo nos damos cuenta de esto cuando ya es demasiado tarde. Cuanto más atento estés, menos estrés experimentarás. Serás capaz de percibir mejor tus sentimientos y pensamientos y tendrás más influencia en tu vida. A continuación, te presentaré ejercicios concretos de atención para la vida cotidiana, con los que podrás dominar tu vida de forma más equilibrada, relajada y satisfactoria.

EJERCICIO - MAÑANA EN LA CAMA
Empieza el día relajado y sin estrés, tómate un tiempo para ti mismo para que puedas estar atento el resto del día.

Después de despertar, quédate en la cama un momento. Tómate un tiempo para ti y prepárate para estar atento el resto del día. Respira tranquila y profundamente y observa el efecto de tu respiración en tu cuerpo. Si tus pensamientos ahora se encienden, percibe brevemente, pero vuelve a tu respiración y concéntrate en ella. Antes de que te levantes, envía un impulso muy consciente a tu cerebro para que te levantes. Solo cuando hayas formado conscientemente este pensamiento, enderézate y permanece sentado en el borde de la cama. Ahora respira conscientemente y percibe cómo te sientes ahora mismo. ¿Qué piensas, qué sientes, cómo te sientes físicamente y cuál es tu estado de ánimo? Intenta no traer ninguna evaluación a tu percepción, en realidad es solo cuestión de percibir cómo es el estado real.

EJERCICIO - RESPIRACIÓN CONSCIENTE: SIEMPRE PUEDES USAR ESTE EJERCICIO

Tu respiración está en conexión directa con tu bienestar. Imagina la influencia de la respiración durante un ataque de pánico, entonces podrás visualizar mejor los efectos y los efectos de la respiración. Con la respiración consciente puedes controlar mejor tu nivel de estrés y tu estado de ánimo.

Siéntate derecho y relaja tus hombros. Ahora cierra los ojos y pon las manos sobre tu estómago. Presta toda la atención a tu respiración, respira profundamente por la nariz y hacia el estómago. Siente el aire fluyendo a través de tu nariz y dentro de tu cuerpo sin ningún esfuerzo. Siente cómo se ensancha tu abdomen, ahora exhala por la boca y siente cómo baja el abdomen de nuevo. Toma 10 respiraciones de una a tres veces al día.

Básicamente, la atención plena puede practicarse en cualquier lugar. Toma el método de la mano. Con este método puedes percibir conscientemente cada momento. A cada dedo se le asigna una característica sensorial y el dorso de la mano sirve como recordatorio de que aceptamos todas las percepciones sin evaluación. Así que si tienes un momento, aplícalo de la siguiente manera:

EJERCICIO - EL MÉTODO DE LA MANO

Imagina que tu pulgar encarna nuestro sentido del oído. ¿Qué sonidos oyes de cerca y de lejos, oyes muchos o pocos sonidos? ¿Qué es lo que más te parece presente?

Pasemos ahora al dedo índice, que significa "ver". ¿Qué es lo que ves? ¿Qué en la cercanía y qué en la distancia, qué arriba y abajo y qué a los lados? ¿Qué es lo que cautiva particularmente su mirada? ¿Notas algo nuevo? Combina esto con tus primeras percepciones en el área de la audición y haz conexiones.

Ahora llegamos a nuestro dedo medio, que representa lo que sentimos. ¿Cómo percibo los alrededores y mi cuerpo, si hace frío o calor, cómo es mi aliento? ¿Qué siento dentro de mí? ¿Estoy feliz o triste, relajado o estresado?

Tu dedo anular encarna tu sentido del gusto, ¿qué es lo que sabes? ¿Todavía puedes saborear algo de tu última comida? ¿Tal vez no tienes ningún gusto en la boca?

Hablemos de tu sentido del olfato, que representa tu dedo meñique. ¿Qué hueles, de dónde viene el olor, puedes asociarlo con lo que ves y oyes?

La palma de tu mano debería ayudarte a entender dónde estás ahora mismo con tus pensamientos. ¿Estás en el presente, en el pasado o en el futuro?

Ahora mira el dorso de tu mano y recuerda que debes aceptar todas las percepciones y aceptarlas sin valor.

El poder de los Sentimientos

Buda dijo una vez: "Con tus emociones das forma a tu mundo". Los sentimientos positivos hacen que nuestras vidas florezcan, pero los sentimientos negativos nos derriban y nos agobian. La mayoría de la gente anhela una vida sin tristeza, ira, miedo y celos y desea una vida llena de sentimientos positivos. Por desgracia, ahora es frecuente que llevemos bloqueos con nosotros y estos bloqueos son causados por sentimientos negativos como los celos, el miedo, la ira o similares. A menudo, estos bloqueos se crearon hace años, pero como no hemos encontrado la forma correcta de tratarlos, han permanecido. Los sentimientos negativos rara vez pueden ser evitados y una vez que están ahí, por lo general solo pueden ser alejados por un corto tiempo. Nuestros pensamientos influyen en nuestros sentimientos y nuestros sentimientos liberan una energía muy fuerte. Así que, si tenemos pensamientos positivos, desencadenan buenos sentimientos en nosotros, y si tenemos pensamientos negativos, desencadenan sentimientos negativos.

Muchos de nosotros pensamos que nuestros sentimientos son una reacción a los acontecimientos de la vida cotidiana, pero ¿cómo puede ser eso? Considera que a veces te despiertas triste o molesto sin razón aparente - ningún evento activo ha precedido a este sentimiento, y sin embargo está ahí. En este caso, puede que hayas pensado en algo triste la noche anterior, antes de irse a la cama, o puede que hayas tenido un pensamiento que no ha procesado. Debes tomarte tiempo para estos sentimientos en el futuro y no tratar de suprimirlos, porque solo cuando tengas claro por qué te sientes de la manera en que lo haces, tendrás la oportunidad de aclarar y tratar estos sentimientos. La aceptación de los sentimientos desagradables es el primer paso para encontrar y permitir soluciones para tu propio mundo emocional. Si no aceptas tus sentimientos, no puedes dejarlos ir y se convierten en un bloqueo permanente. Pero recuerda: Si solo has aceptado tus sentimientos para deshacerte de ellos, esto tampoco te ayudará. Entonces, ¿cómo funciona esta aceptación?

En primer lugar, hay que ser consciente de que las emociones no se pueden eliminar fácilmente. Incluso cuando somos niños, aprendemos a suprimir las emociones porque los adultos siempre nos dicen que demasiadas emociones no son apropiadas o indeseables. Así que aprendemos a reprimir los sentimientos de manera dirigida sin tener idea de las consecuencias. Los sentimientos reprimidos pueden convertirnos en una bomba de tiempo. Mucha gente tiende a distraerse con las cosas equivocadas o a adormecer sus sentimientos y emociones y por lo tanto se vuelven inconscientes. Esto solo te ayudará a corto plazo y básicamente solo empeorará el problema, porque solo está retrasando el proceso de hacer frente a sus sentimientos y posiblemente algunos de estos sentimientos no resueltos se unirán con el tiempo. Primero vamos a las no tan buenas distracciones de los sentimientos: Estos pueden incluir la televisión sin parar, fumar, beber, usar drogas, juegos de computadora frecuentes, comer en exceso, beber y salir de fiesta, y mucho más. Intenta evitar este tipo de distracciones, ya que son perjudiciales para ti y tu salud. Todas estas distracciones y represiones pueden manifestarse en tu vida en forma de enfermedad, agresión, crisis nerviosa, depresión o similares. Sin embargo, si algunas emociones son realmente demasiado fuertes y le ponen mucha tensión, puede tener sentido distraerse a corto plazo con algo menos dañino. Puede ser un paseo para despejar un poco la cabeza, o por ejemplo escuchar música o una conversación con un buen amigo que pueda darte una visión diferente de la situación. Los sentimientos quieren y necesitan ser sentidos, si los suprimes, siempre saldrán a la superficie y te harán más lento. Recuerda, tenemos sentimientos, no somos esos sentimientos. Normalmente después de un tiempo te das cuenta de que aceptar los sentimientos cuesta menos energía que suprimirlos con vehemencia o luchar contra ellos. No permitas que tu vida se vea obstaculizada por viejos y nuevos bloqueos, pero enfrenta las sensaciones desagradables inmediatamente. Aquí hay algunos ejercicios que puedes probar:

1. Escribe tu sentimiento y trata de entenderlo, trata de averiguar qué causó este sentimiento. Podrías hacerte estas preguntas: ¿Qué es lo que me asusta de esta situación? ¿Qué es exactamente lo que me pone triste? ¿Qué temo que me pueda pasar? ¿Es mi forma de pensar

sobre ello realmente verdadera? ¿Puedo estar seguro de que esto es cierto, lo que pienso de ello y que inevitablemente sucederá? Una vez que te das cuenta de que no puedes estar tan seguro de que todo será tan malo como podrías haber pensado al principio, la sensación se debilita un poco.

2. Encuentra un área donde no te molesten y respira profundamente unas cuantas veces. Ponte en la situación que ha desencadenado sentimientos negativos en ti. Experimenta el miedo, la pena y la ira e imagina que experimentas esta situación de nuevo. Recuerda, hay cosas que no pueden ser cambiadas. Intenta decir SÍ a estos sentimientos y a la situación, intenta abrirte y no te resistas. Ahora presta atención a la reacción de tu cuerpo cuando digas SÍ. Puede que sientas una especie de alivio y relajación. Aprovecha esta sensación y concéntrate en ella, intenta esparcirla por todo tu cuerpo a través de tu respiración profunda.

Tu subconsciente es la clave del éxito

Cuanto más sepas sobre tu subconsciente, más eficazmente podrás usarlo para ti mismo. No está científicamente probado que exista una conciencia, pero los enfoques psicológicos suelen asumirla. Entonces, ¿cómo describiríamos este subconsciente? Todas las actitudes, motivos, impresiones y recuerdos que tenemos pero que actualmente no están activos son parte de nuestro subconsciente. Todo lo que conocemos en el momento que pensamos es nuestra conciencia. Pero todas las cosas subconscientes siempre juegan un papel en nuestra psique, por lo que siempre afectan a nuestra conciencia. Tomemos el ejemplo de un conductor principiante: Este conductor principiante tiene que pensar en lo que ha aprendido al principio mientras conduce un coche. Si has estado conduciendo un coche desde hace un tiempo, te das cuenta de que esto básicamente ocurre casi automáticamente en algún momento.

La conducción se automatiza, el subconsciente controla todo lo necesario sin tener que concentrarse en ello. Pero el subconsciente puede hacer mucho más. Si pensamos en cuántas impresiones sensoriales fluyen en nosotros cada día, en forma de sonidos, colores, olores o incluso estímulos sensibles, y cuánto de esto realmente percibimos, es decir, solo una pequeña fracción, nos damos cuenta de que el subconsciente puede protegernos y lo hace de demasiadas impresiones.

Con el siguiente ejercicio obtendrás una idea de lo poco que percibes en la vida cotidiana y lo que hace nuestra mente subconsciente.

Siéntate en silencio y pon un temporizador de tres a cuatro minutos. Ahora trata de dirigir tu percepción a tu entorno completo. Concéntrate y presta atención a todo lo que veas, oigas, huelas, sientas y saborees. Intenta averiguar en cuántas cosas te puedes concentrar al mismo tiempo y nota cuánto de todo esto normalmente falta en tu percepción. Dado que nuestro subconsciente absorbe más información de la que percibimos conscientemente, puede sernos útil en situaciones difíciles. A menudo llamamos a esto intuición. Normalmente percibimos esta intuición en forma de una sensación de náuseas o una voz en nuestra cabeza. A veces esta intuición también evoca simpatías por extraños o sentimientos que pueden hacernos reír o llorar por razones inexplicables. En todos estos momentos estamos bajo la guía de nuestro subconsciente. ¿Tienes idea de lo que el subconsciente hace por nosotros a diario y lo que también significa cuando los bloqueos o similares se han establecido aquí?

"El tiempo cura todas las heridas" - Seguramente todos hemos escuchado esta o similares frases antes. Desafortunadamente no hay verdad en esta frase. El tiempo no puede curar las heridas si no te ocupas de ellas. El hecho de que algo haya sucedido hace mucho tiempo no significa que las experiencias y heridas resultantes de esta experiencia traumática no estén todavía arraigadas en nuestro subconsciente. Todos hemos tenido experiencias que nos han moldeado. Todavía tenemos tales experiencias todos los días y especialmente desde los días de la infancia tales experiencias pueden haber dejado huellas de las que no somos realmente conscientes. Si luchas contra los síntomas durante años sin conocer y procesar la causa de estos síntomas, pueden desarrollarse patrones de pensamiento profundamente arraigados que pueden acompañarte e influirte a lo largo de tu vida. Ahora es el momento de sacudir estas experiencias profundamente arraigadas. Deja tu zona de confort, porque podemos hacer uso del poder y la energía de nuestro subconsciente cuando aprendemos cómo funciona y lo que quiere decirnos. Para ello, necesitamos ser capaces de percibir los impulsos de nuestra mente subconsciente para decidir conscientemente si queremos seguir este impulso o tomar un camino diferente. El subconsciente no es nada fijo, también podemos enviarte impulsos y reprogramarlo. Aunque tiene mucha influencia en nosotros y en nuestra vida, en nuestras reacciones, nuestro comportamiento, en nuestra actitud y percepción interior, así como en nuestro bienestar y, por supuesto, en nuestra salud, de la que también resulta nuestro rendimiento, seguimos siendo el amo de nuestro subconsciente y tenemos el poder y los medios para transformarlo. No trabajes contra tu subconsciente, sino con él.

Bueno, pero ¿cómo se descubre lo que está enterrado tan profundamente en el subconsciente? Comienza observando tu propio comportamiento y escribe tus observaciones por un tiempo. ¿Cómo te comportas en situaciones de conflicto? ¿Huyes o peleas? ¿Qué pasa por tu mente después, qué pensamientos y sentimientos surgen? También puedes revisar la situación por ti mismo después y escribir lo que notas. ¿Qué te gustaría hacer diferente ahora con la cabeza despejada, qué te molesta de tu reacción? Tal vez otros también han experimentado la situación. Si este es el caso, es posible que puedas obtener retroalimentación del exterior, porque esto puede ayudarte a ver otro lado. Si ahora tienes que evaluar lo que has reunido, puedes notar que gran parte de ello fue intuitivamente provocado por tu subconsciente.

Es posible que hayas preferido hacer muchas cosas de manera diferente en esta situación en retrospectiva, pero tu educación, tus modelos de conducta, tus actitudes y tus evaluaciones de días anteriores se han asentado en tu subconsciente y en esta situación de conflicto estas mismas experiencias han salido a la luz. El siguiente ejercicio puede ayudarte a averiguar primero en términos generales lo que piensas sobre ciertas cosas. Solo escribe lo que te venga a la mente espontáneamente sobre las siguientes palabras:

- Mi entorno social (personas, mujeres, hombres, niños)
- El amor y la asociación
- Éxito y trabajo, colegas y superiores
- riqueza y posesiones
- Errores que cometí, malas cualidades
- Errores de los demás, trato injusto hacia mí
- Fracaso y pérdida

Puedes añadir a esta lista, escribir todo lo que te viene a la mente, lo que está en tu mente, lo que tal vez preferirías cambiar en el futuro y lo que no estás satisfecho contigo mismo. A través de este ejercicio, verás qué áreas asocia con lo positivo y cuáles con lo negativo. Puede ayudarte a descubrir dónde se encuentran las experiencias inconscientes, los recuerdos y las huellas que controlan tu pensamiento y tu subconsciente. La lista también puede ayudarte a averiguar por qué reaccionas de esta manera particular en ciertas situaciones y así tal vez sabotearse a ti mismo.

En el siguiente capítulo aprenderás sobre otras formas y medios con los que puedes reformar y programar tu subconsciente. ¡Prográmate en positivo! Tienes el cambio en la mano, solo tienes que averiguar cuál es el medio y cuál es la ayuda de tu elección.

Herramientas efectivas para salir de la negatividad

Ahora que sabes lo importante que es la función de la mente subconsciente, te presentaremos a continuación algunas herramientas que te ayudarán a hacer un mejor uso de la ley de la atracción en el futuro ¿Quieres formar tus pensamientos de una manera positiva y quieres usar las energías y vibraciones liberadas por esto para ti mismo y dejarlas trabajar? Entonces sé el maestro o amante de tus pensamientos y sentimientos hoy, no esperes más y cambia algo de tus viejos patrones de comportamiento ahora mismo.

Nuestro subconsciente se alcanza mejor en un estado relajado y los mensajes positivos y claramente formulados son siempre la mejor opción. Muchos entrenadores mentales ven las negaciones como un problema, porque asumen que el cerebro y la mente subconsciente no pueden procesarlas. Así que trata de no usar negaciones.

¿No estás satisfecho con tu peso? Formula tu objetivo como si ya hubieras logrado un cambio a tu favor. Es importante permanecer en el presente. Las formulaciones útiles y positivas serían "peso 65 (o su otro peso deseado) kilos" o para otras áreas: "soy el nuevo jefe de departamento", "soy rico" y así sucesivamente. Señalas a tu subconsciente de tal manera que tu deseo ya es realidad, que luego trabajará para que tu objetivo se haga realidad. Las energías liberadas son positivas y fuertes y su motivación también aumentará. A continuación, te presentaremos algunas posibilidades que pueden ayudarte a cambiar tu estado mental actual.

VISUALIZACIONES

Pasemos a las visualizaciones. Nuestro subconsciente ama las imágenes y lo que dicen. Pero las imágenes también pueden ayudarnos a lograr nuestros objetivos. Visualizamos varios miles de veces al día, estos procesos normalmente se ejecutan de forma totalmente automática y sin que se note. Muchos conocen la palabra "cine mental", que también describe, por ejemplo, el proceso de una visualización. Una palabra, una imagen o un olor desencadena una idea en nuestra cabeza y ahora una película pasa ante nuestro ojo mental, el cine de la cabeza. Los olores pueden desencadenar visualizaciones particularmente bien. Con las visualizaciones se puede reforzar la concentración. Puedes aprender a centrarte mejor en algo específico durante un tiempo y a cambiar tu estado emocional para ponerte en un estado neutral y claro. A través de las visualizaciones tu lenguaje se desarrollará más y al visualizar tus explicaciones, sus narraciones serán más motivadoras y vivas para ti y tus oyentes. Las visualizaciones pueden practicarse y aplicarse básicamente en cualquier lugar donde no se necesite urgentemente su concentración, pero por favor abstente de las visualizaciones en el tráfico o al conducir maquinaria pesada.

Comencemos con un ejercicio simple pero familiar: Usaremos el ejemplo de un limón para mostrarles la visualización.

Ejemplo 1 Visualización: Imagina un limón jugoso y amarillo delante de ti. Ahora tómalo en tu mano y huélelo, luego córtalo por la mitad. Observa cómo fluye el jugo. Ahora toma una mitad y huélela, puedes oler claramente la acidez, puedes oler la frescura. Ahora imagínate mordiendo el limón. ¿Y? ¿Notaste algo? Sé honesto, ¿es posible que el sabor agrio que visualizaste hiciera que tu cara se retorciera al pensar en la mordedura? Así que le indicó a tu cuerpo que realmente estaba mordiendo el limón y reaccionó en consecuencia.

Se comporta de la misma manera con otras visualizaciones. Percibimos las imágenes como verdaderas y reaccionamos en consecuencia. Así es que nuestro cerebro no puede distinguir entre la imaginación y la realidad, nuestro cuerpo reacciona a todos nuestros pensamientos, ya sean de hecho o de ficción. Estas reacciones pueden ahora devastarnos o animarnos, decidir qué camino quieres tomar. Las visualizaciones pueden ser utilizadas en todas las áreas de la vida. Si quieres visualizar el éxito en el trabajo, experimenta tus ideas y deseos de éxito lo más detalladamente posible. En este caso, la reacción incipiente será probablemente un sentimiento de alegría y orgullo. Puedes usar este sentimiento para aplicar la ley de la atracción a tu propósito. Las energías liberadas te impulsarán, influenciarán tu entorno y quizás te abran una u otra puerta.

Ejemplo 2 Visualización: Tómate un tiempo para el próximo ejercicio. Elige un objeto de tu entorno y míralo de cerca. ¿Cuál es la estructura y el color de este objeto? ¿Tiene tal vez un olor particular? Ahora trata de imaginar el objeto desde arriba y desde atrás. ¿Cómo se ve desde abajo? Siempre es un poco más fácil imaginar objetos inanimados al principio. Sin embargo, con el paso del tiempo, será más fácil imaginar situaciones que tengan una gran influencia en tus emociones.

Ejemplo 3 Visualización: Cierra los ojos y ahora imagina a una persona de tu entorno que te causa sentimientos negativos. Imagina a esta persona tan realista como sea posible, asegurándote de que no te imaginas que es más grande de lo que realmente es. Es solo tu imaginación, lo tienes bajo control y puedes influenciarlo. Esta persona podría ser un colega en el trabajo, un supervisor o un vecino. Imagina que la persona está de pie justo delante de ti, y presta atención a los sentimientos que esta persona ha creado en ti. Ahora imagina que apartas a esta persona de ti y ves cómo cambian tus sentimientos. Ahora, lentamente deja que la persona se desvanezca e imagínala en blanco y negro. Si eso no es suficiente para disminuir los sentimientos negativos, haz a la persona más pequeña y su cara invisible. Deja que esta persona desaparezca gradualmente en el aire.

Este ejercicio puede ayudarte a neutralizar los sentimientos negativos que asocia con ciertas personas.

Puede ayudarte a sacar a la luz sentimientos profundamente arraigados y a procesarlos mejor. Repite este ejercicio de vez en cuando para alcanzar tu objetivo y recuerda siempre: "¡La práctica hace la perfección!"

LATIDOS BINAURALES

Otra herramienta muy efectiva para llegar al subconsciente puede ser los latidos binaurales. Los latidos binaurales pueden ser la clave para una vida mejor, porque puedes llegar a tu subconsciente más profundo con estos latidos. Los ritmos binaurales pueden aplicarse a áreas como el éxito, la salud y el bienestar, las finanzas, el amor y las relaciones, en el trabajo y mucho más. Estimulando las ondas cerebrales puedes acceder a tu subconsciente, puedes disolver bloqueos y viejas creencias y superar los miedos. Puedes estimular tus ondas cerebrales tú mismo. Generamos ondas cerebrales cada segundo. Estas oscilaciones pueden ser medidas por medio de un EEG (electroencefalografía). Estas ondas cerebrales se miden en HZ (Hercios/vibraciones por segundo). Los altos números de Hertz significan que el cerebro está en un estado activo, es decir, concentrado y despierto. Si, por otro lado, están bajas, esto indica un estado de relajación. Las ondas cerebrales también pueden medirse durante el sueño, porque nuestro cerebro no sabe cómo hacer una pausa.

Las siguientes bandas de frecuencia pueden ser asignadas a los diferentes estados de conciencia con la ayuda del EEG:

- Ondas delta (0.5 a 4 Hz) - esta es la fase de sueño profundo o un trance

- Ondas Theta (4 a 8 Hz) - es una especie de meditación o un sueño despierto

- Ondas alfa (8 a 13 Hz) - en este rango estamos en transición hacia el sueño o en un estado de relajación de luz

- Ondas beta (13 a 38 Hz) - en este rango un adulto está en estado de vigilia

En el estado normal nuestra vibración es de unos 15 Hz, a partir de los 16 Hz tenemos miedo o sentimos estrés. Si este estado persiste, nuestra percepción está severamente restringida. Si ahora comparamos los valores de los adultos con los de los niños, se observa que el cerebro oscila en el rango de las ondas delta en los niños de 3 a 7 años y en el rango de las ondas theta en los mayores de 7 años. Esto significa que los niños pequeños tienen acceso directo a tu subconsciente, porque está abierto y todas las impresiones son recibidas por el cerebro sin filtrar. Las huellas del entorno, como padres, maestros, amigos, entorno, etc., forman a los niños en los primeros 7 años de vida. Son exactamente estas impresiones las que nos afectan más tarde como adultos, dando como resultado nuestra autopercepción y nuestros valores. Si son negativos, esto tiene un efecto negativo en nuestra vida posterior. Con la ayuda de los ritmos binaurales puedes llegar a tu subconsciente y dirigir tu vida en una dirección más saludable y feliz. Sin embargo, también hay algunas cosas a considerar aquí. Los ritmos binaurales no deben utilizarse si se sufre de enfermedades como la epilepsia o si la audición no está intacta. ¿Pero cómo funcionan exactamente los ritmos binaurales?

Es importante que se utilicen los auriculares. Un oído está ahora expuesto a 440 Hz, el otro a 430 Hz. Nuestro oído no notará ninguna diferencia, pero el área responsable de nuestra percepción en el área acústico-espacial sí. Esta área ahora oscila en este rango diferencial de 10 Hz y el cerebro también se asienta en esta frecuencia debido al llamado principio de secuencia de frecuencias. Exactamente en este estado puedes ahora alcanzar tu conciencia a través de afirmaciones y sugerencias y formarla en algo positivo. Combina 20 minutos de ritmos binaurales con afirmaciones y sugerencias y pronto te sentirás más satisfecho y equilibrado. Si quieres empezar un auto-experimento, coge un par de auriculares inmediatamente y haz una búsqueda. En sitios como YouTube encontrarás ritmos binaurales adecuados que pueden ayudarte a llegar a tu subconsciente.

Ahora que has aprendido algo sobre los ritmos binaurales, te explicaré qué son las afirmaciones nombradas y cómo puedes usarlas para combinar ambas cosas de la misma manera.

AFIRMACIONES

Con las afirmaciones puedes reprogramar tus propios pensamientos. Son frases auto-afirmativas y su objetivo es cambiar permanentemente nuestros sentimientos y comportamiento para nuestro beneficio. Porque sabemos que nuestros pensamientos influyen en nuestros sentimientos y estos influyen en nuestras acciones. Así que si logras cambiar tus pensamientos permanentemente con la ayuda de afirmaciones, tus sentimientos también sufrirán un cambio. Empecemos con un ejemplo: Supongamos que quieres trabajar en tu autoconfianza, y luego te dices a ti mismo una y otra vez en tus pensamientos "Creo en mí mismo y que cada día más y más, soy importante". Si ahora te dices este pensamiento - también puedes decirlo en voz alta- a ti mismo varias veces al día, podrás observar con el tiempo cómo tendrá un efecto positivo en tus sentimientos y en tu confianza en ti mismo. Reemplaza todos los pensamientos negativos y dudas sobre ti mismo con frases positivas que representen tus objetivos. Pronto notarás que tus pensamientos cambian. Muchas personas usan afirmaciones más directas y cortas, pero puede surgir el problema de que nosotros mismos no las creemos. Si ahora utilizamos afirmaciones cortas como "Tengo confianza", nuestro subconsciente puede responder rápidamente y proporcionar argumentos en contra de esto, lo que anula el efecto de la frase. Es mejor para muchas personas trabajar con formulaciones cautelosas: En lugar de "tengo confianza", puedes decir "se me permite tener una opinión" o "tengo confianza en mi opinión". Decide por ti mismo qué tipo de afirmación es la adecuada para ti. Si tu subconsciente no se interpone en el camino con afirmaciones directas y cortas, es bienvenido a usarlas. Si no estás tan seguro y si surgen dudas, deberías usar afirmaciones indirectas. Confía en tus sentimientos y escúchate de nuevo. A continuación, te proporcionaré una pequeña lista de afirmaciones para que te familiarices con la formulación:

¿Qué quieres lograr?	Afirmación directa	Afirmación indirecta
¿Quieres ser delgada?	¡Soy delgado!	¡Puedo permitirme adelgazar un poco cada día hasta alcanzar el peso de mis sueños!
¿Quieres más dinero en tu vida?	¡Soy rico!	Me permito recibir y ganar más dinero. Me lo merezco.
¿Quieres tener éxito en tu profesión?	¡Tengo éxito en mi profesión!	Disfruto del creciente éxito en mi profesión, cada día este éxito aumenta.

También puedes interiorizar las afirmaciones con preguntas. Toma nuestro ejemplo con el dinero. Dite a ti mismo: "Quiero más dinero en mi vida. ¿Qué camino lleva allí?".

Las respuestas pueden ser: "Soy trabajador y confiable y demuestro que me he ganado un puesto mejor, que también está mejor remunerado" o "Estoy haciendo un curso de capacitación para poder ocupar un puesto mejor". Intenta un poco para averiguar qué tipo de afirmación tiene más éxito contigo. A continuación, se presentan algunos consejos para ayudarte a formular tus oraciones:

- Puedo permitirme...

- Es bueno para mí...

- Cada vez más y más...

- Tengo muchas ganas de...

- ...más y más cada día...

Convierte siempre los problemas en objetivos y formula siempre claramente a dónde quieres ir y no lo que no quieres. La afirmación de las frases es el punto de partida más importante para el éxito aquí.

LA COMBINACIÓN DE LAS AFIRMACIONES, VISUALIZACIÓN Y EL USO DE LAS ONDAS ALFA ANTES DE IR A DORMIR

La mejor manera de programar tu subconsciente durante el sueño es usar el tiempo antes de dormir, unos 15 minutos antes. Durante este tiempo nuestro cuerpo se relaja, el subconsciente es fácilmente accesible, respiramos más tranquilamente y nuestros músculos se relajan. El latido del corazón se ralentiza y el cerebro produce las llamadas ondas alfa en este momento. Este período de tiempo nos permite acceder a nuestro subconsciente, la puerta a él está abierta. Si piensas en las experiencias negativas de este día a esta hora, se anclarán más profundamente en tu subconsciente. A partir de ahora, trata de pensar en los buenos acontecimientos del día pasado, recuerda las bellas experiencias una vez más, para que tengas una buena base para un descanso y un buen sueño y una base perfecta para un gran comienzo al día siguiente. Opcionalmente, también puedes imaginar una visualización o decir una afirmación y así sentar las bases para reprogramar tu subconsciente.

SUBLIMINALES

Hay subliminales silenciosos y subliminales. Primero expliquemos qué son los Subliminales Silenciosos. Se puede pensar en ellas como afirmaciones, que se transforman por medios técnicos de tal manera que van directamente, sin nuestra percepción real, a nuestro subconsciente. Pueden ser útiles si tienes problemas para creer lo que escuchas o dices conscientemente y siempre lo cuestionas. Así que, si utilizas una afirmación y siempre surgen dudas en ti, los subliminales pueden ayudarte a interiorizar inconscientemente las afirmaciones sin que surjan sentimientos negativos que puedan arruinar el éxito.

Puedes hacer subliminales silenciosos tomando afirmaciones. Estos son entonces empujados hacia arriba (en el rango de frecuencia superior) a un rango que el oído humano ya no puede percibir. Así que para nosotros hay silencio por el momento, al menos percibimos el silencio. Imagina todo el asunto como un silbato para perros: Ya no percibimos el rango de frecuencia acústicamente, pero los perros sí. Así que no podemos oír nada, pero algo le pasa a nuestro subconsciente de todos modos, pero ¿por qué? Recuerda la clase de biología. Hay pequeños pelos en nuestros oídos que se mueven y se doblan cuando se perciben los sonidos (ondas sonoras). Si estos pelos se doblan lo suficientemente fuerte, percibimos esta flexión como un sonido. Afortunadamente, no percibimos todos los sonidos. Si este fuera el caso, nos inundaríamos de estímulos. Así que nuestro cerebro hace una selección de los sonidos que percibe. Los subliminales silenciosos hacen uso de este efecto. El cerebro escucha estas afirmaciones transformadas, pero la conciencia no se ve perturbada por ellas y por lo tanto no puede producir argumentos negativos contra ellas.

Vayamos ahora a los subliminales. Aquí también, las afirmaciones se toman y se canalizan subliminalmente en nuestro subconsciente. A veces, se pone música tranquila sobre las afirmaciones, que se desplazan a la gama de frecuencias más bajas, de modo que todavía se puede percibir un suave silbido o susurro. Los subliminales y los subliminales silenciosos pueden básicamente correr durante horas. Al principio puede parecer extraño escuchar casi nada, pero seguramente te acostumbrarás rápidamente al silencio y aprenderás a disfrutarlo. Pero recuerda: si hay otras personas en la habitación contigo, debes usar auriculares, porque los subliminales también pueden influir en otras personas. Cuando use los auriculares, asegúrate de que alcanzan el rango de frecuencia de 24.000 Hz. Si te duele la cabeza, has oído a los subliminales demasiado alto. En este caso, baja el volumen la próxima vez y deja de escuchar a los subliminales inmediatamente. Bebe mucha agua y espera a que el dolor de cabeza haya pasado antes de volver a "escuchar". Cuanto más a menudo se utilice el método de los subliminales, más éxito tendrás, pero también aquí hay que tener en cuenta que en el caso de ciertas enfermedades, como las enfermedades de la audición (tinnitus, sordera súbita, etc.), la epilepsia o incluso las enfermedades mentales, no se debe hacer ninguna solicitud sin consultar previamente con el médico que la trata. Por favor, también abstente de escuchar a los subliminales mientras conduces un coche o maneja maquinaria pesada.

¿Dónde puedes encontrar subliminales? Si eres técnicamente hábil, puedes compilarlos y grabarlos tú mismo. Ahora hay programas gratuitos disponibles en Internet o incluso aplicaciones para teléfonos móviles. Pero también puedes simplemente escuchar a los subliminales ya preparados en YouTube. ¡Diviértete!

SÉ AGRADECIDO

Ahora llegamos a algo que está desapareciendo cada vez más en nuestra sociedad. Hoy en día, por desgracia, la gente tiende con demasiada frecuencia a quejarse de todas las cosas que no tienen, e ignoran completamente cuánto tienen en realidad. Es importante sentir gratitud. Agradece lo que tienes y permite la felicidad que te da esta gratitud. Agradece todos los éxitos, no importa cuán pequeños sean. Agradece también los fracasos, saca algo positivo de ellos, aunque solo sea un éxito de aprendizaje para la próxima vez. Piensa en las puertas que los fracasos pueden abrirte y en las cosas buenas a las que pueden conducir. A través de la gratitud y los sentimientos de felicidad que se liberan de esta manera, aumentas automáticamente su frecuencia. Si ahora crees que estás agradecido después de todo, escucha en tu interior. ¿Sientes sentimientos de miedo e insatisfacción? Entonces deberías intentarlo de nuevo con ejercicios de gratitud para reemplazar estos sentimientos con buenos sentimientos, porque el miedo y la insatisfacción te bloquean en el logro de tus objetivos, debilitan tu vibración. Una frecuencia baja puede tener sentimientos de tristeza, miedo, vergüenza, culpa y depresión. Esta baja frecuencia nos paraliza, nos inmoviliza y nos frena, nos bloquea. En una frecuencia ligeramente más alta, la ira y el resentimiento vibran y de nuevo los sentimientos de coraje u orgullo vibran un poco más alto. Pero si sientes alegría, gratitud, paz o amor, estás vibrando al más alto nivel y tu vida está en flujo puro. Así que si logras mantener el nivel alto permanentemente, vibrarás en el nivel más alto y atraerás a las personas, eventos y cosas más maravillosas. Y así puedes elevar tu vibración con la ayuda de la gratitud:

Cada noche antes de ir a la cama, haz una lista de diez cosas -situaciones, personas y experiencias del día- por las que estás agradecido. La mejor manera de hacerlo es crear tu propio diario de gratitud. Ahora lee estas 10 cosas de nuevo antes de ir a la cama y piensa en estas cosas hermosas. Mira tu lista, que se hace cada vez más larga al final de cada semana. Estarás feliz de saber cuántas cosas buenas te pasan, qué es lo que no notas y de qué puedes estar realmente agradecido. Será más fácil para ti tener un sentimiento de lo que puedes agradecer. De esta manera se refuerzan los sentimientos y pensamientos positivos ya existentes, que a su vez liberan energías positivas.

Esta lista podría contener, por ejemplo, lo siguiente:

- Estoy agradecido por mi hermoso apartamento.
- Estoy agradecido por mi compañero
- Estoy agradecido por mi trabajo
- Estoy agradecido por mi mascota
- Estoy agradecido por mis amigos y mi familia
- Estoy agradecido por mis vacaciones
- Estoy agradecido por mi salud
- Estoy agradecido de poder permitirme tanto
- Estoy agradecido por este hermoso día y el gran clima
- Estoy agradecido por las personas que me aman
- Estoy agradecido por esta experiencia

Puedes estar agradecido por todo lo que te importa en tu vida. No importa si son las cosas materiales o las situaciones las que te dan placer. Siéntete feliz cuando pienses en algo, agradécelo. Pruébalo ahora mismo.

¿Cuál es la razón por la que la ley de la atracción no funciona después de todo?

Ahora ya has conocido algunas posibilidades con las que puedes llegar a tu subconsciente e influir positivamente en tus pensamientos y sentimientos. Puede suceder que la ley de la atracción no funcione a pesar de todos los esfuerzos, pero ¿cuál es la razón de ello? Ahora sabes muy bien sobre el increíble poder de tu subconsciente, pero a pesar de todos los ejercicios y esfuerzos, puede frustrarte. ¿Hay todavía bloqueos en algún lugar de tu subconsciente que no has sido capaz de disolver o incluso identificarse con los ejercicios anteriores? ¿Tal vez tienes temores que no has superado? Tal vez los ejercicios también te asustan y no puedes comprometerte completamente con ellos. ¿O tal vez piensas que no eres capaz de llevar a cabo y pasar por estos cambios?

A veces simplemente rodeas a la gente equivocada y ellos son la razón de tu fracaso. ¿O no has formulado tus deseos de forma positiva? Dudas, bloqueos, falta de pensamiento y vibraciones negativas pueden impedirte alcanzar tus objetivos. Todas estas son razones para las vibraciones negativas. Solo si estás realmente en paz contigo mismo y eres honesto contigo mismo puedes eliminar estos obstáculos. También puede que simplemente no creas en el efecto de la Ley de la Atracción. Intenta romper con la forma de pensar orientada a la mente, no siempre es la forma correcta y no puede hacer daño involucrarse completamente en algo nuevo y diferente. O tal vez solo cometes el error de volver a caer en viejos patrones de comportamiento en situaciones críticas y te haces las preguntas equivocadas, como "¿Por qué me pasa esto una y otra vez u otra vez?" o "¿Por qué no puedo hacerlo de nuevo cuando todos los demás lo hacen?

En estos casos, recuerda siempre sacar lo mejor de la situación. En su lugar, hazte preguntas como "¿Cómo puedo hacerlo mejor la próxima vez?" y "¿Qué puedo aprender de esta situación?". No te rindas y recuerda que tu forma de pensar ha sido moldeada a lo largo de los años - sí, durante décadas - por tu entorno y por ti mismo y no puedes cambiarlo todo de la noche a la mañana. Cada proceso lleva tiempo y tú deberías tomarte el tiempo que necesitas personalmente para tu cambio, porque tienes derecho a él.

CUANDO SABES LO QUE ESTÁ BLOQUEADO, PUEDES HACER ALGO AL RESPECTO

En realidad, sabemos más o menos dónde están nuestros problemas, solo nos gusta cerrar los ojos ante ellos. Cuando nos bloqueamos o incluso nos saboteamos a nosotros mismos, hay fuerzas que actúan sobre nosotros que surgen de nuestro subconsciente y sabotean y manipulan nuestra mente. Estos bloqueos tienen un efecto directo en nuestra condición mental, son emociones que cargan nuestra alma. A medida que los humanos nos volvemos cada vez mejores para reprimir sentimientos como la ira, la tristeza, el dolor o incluso la alegría con el paso del tiempo y porque nos adaptamos una y otra vez y más y más, los bloqueos están preprogramados. Por lo tanto, cada vez se acumulan más bloqueos mentales de los que ni siquiera somos conscientes. Estos bloqueos son verdaderos ladrones de fuerza y energía, desencadenan cada vez más preocupaciones y miedos, bloquean nuestro acceso a nuestras fuentes de fuerza y pueden ser el detonante de innumerables quejas.

¿Cómo surgen exactamente estos bloqueos internos, sobre los que ya hemos leído mucho? ¿Alguna vez has reprimido las emociones de tu pasado? Si no has procesado las experiencias emocionalmente, estos bloqueos se establecerán. Tales bloqueos también surgen por la influencia de otras personas. Las pruebas de los bloqueos existentes pueden manifestarse en forma de trastornos del sueño, dolores de cabeza frecuentes, dolor de espalda frecuente, palpitaciones, inquietud o sensación de estar abrumado. Las personas con bloqueos o miedos suelen reaccionar también con molestias estomacales e intestinales, desmayos durante exámenes o conferencias, comportamiento agresivo en ciertos temas o reacciones exageradas, celos excesivos o falta de capacidad para perdonar. A veces también reaccionan a estos bloqueos con una pérdida de rendimiento. Muchos bloqueos pueden resolverse por sí solos, pero a veces no hay manera de evitar el apoyo profesional. Cuando el apoyo profesional es necesario, puedes juzgarlo por ti mismo. Si no puedes lograr un resultado satisfactorio con todos los ejercicios anteriores y todavía tienes la sensación de estar rodeado de un aura negativa y en algún lugar de las profundidades de tu subconsciente todavía hay algo dormido que te roba tu fuerza y energía, puedes buscar ayuda desde el exterior, además de otras técnicas. Volveremos a esto más tarde.

¿Sabes lo que realmente estás buscando?

¿Lo deseas?

Todos tenemos necesidades y deseos, pero para que estos se cumplan, primero debemos ser conscientes de ellos. Algunas de nuestras necesidades son bastante obvias: Necesitamos comida y bebida para mantenernos vivos, necesitamos aire fresco para respirar y un lugar para dormir para poder dormir con seguridad y tranquilidad. En la infancia, los adultos se encargan de que se satisfagan todas las necesidades que necesitamos para crecer y mantenernos sanos. Cuando seamos adultos, tenemos que asegurarnos de que nuestras necesidades se satisfagan por nosotros mismos. Los humanos debemos conocer nuestros deseos y otras necesidades además de las necesidades básicas que nos mantienen vivos. Debemos reconocer cuándo necesitamos descansar, debemos cuidarnos y darnos el cuidado y la atención que necesitamos.

Llevamos a cabo un control para que puedas identificar mejor cuál de estas necesidades puedes estar descuidando. Comencemos con unas simples preguntas. Si les respondes afirmativamente, deberías pensar en lo que te gustaría cambiar en el futuro.

RELAJACIÓN
¿Te sientes sobrecargado de trabajo? ¿Estás permanentemente estresado? ¿Rara vez descansas? ¿Estás a menudo enfermo y te sientes agotado? ¿Tienes la sensación de que solo te la pasas trabajando?

DISFRUTA
¿Solo raramente experimenta momentos hermosos? ¿Crees que no mereces disfrutar? ¿Crees que tu vida es sombría? ¿Te sientes culpable cuando disfrutas de algo? ¿No puedes recordar la última vez que disfrutaste de algo?

SELECCIONA
¿Te sientes solo? ¿Ha pasado un tiempo desde tu última cita? ¿Envidias a los demás por sus relaciones? ¿Te sientes aislado de los demás?

APOYO
¿Rara vez pides ayuda? ¿Siempre tratas de manejar todo por tu cuenta y eres reacio a aceptar ayuda? ¿Te sientes solo? ¿Tienes dificultades para pedir ayuda porque lo ves como una debilidad?

AUTORREALIZACIÓN
¿Tal vez no tienes lo que te gustaría (profesión, amor...)? ¿Vives solo para los demás y sus intereses?

Estas preguntas te ayudarán a descubrir lo que te estás perdiendo en tu vida. Presta la atención necesaria a tus propias necesidades. Escucha a tu corazón.

Una vez que hayas identificado tus deseos con la ayuda de estas preguntas, fíjate pequeños objetivos que puedas alcanzar en poco tiempo. Entonces, fíjate un próximo pequeño objetivo. Establecer metas demasiado grandes puede llevar a una falta de éxito rápido y puede perder rápidamente el deseo y la motivación para seguir trabajando hacia sus objetivos. Las metas pequeñas son más fáciles de alcanzar, no las pierdes de vista tan rápidamente y los sentimientos positivos que surgen cuando has alcanzado tu objetivo pueden ser utilizados de nuevo inmediatamente para hacer que la ley de la atracción trabaje para ti.

Hacer ejercicios para ti mismo

En el curso del libro, ya has aprendido algunas herramientas y ejercicios útiles que puedes realizar fácilmente por tu cuenta para dar nueva forma a tus pensamientos y sentimientos. A continuación, te presentaremos otras posibilidades, desde el área más espiritual, para enfocar y dar forma a tus energías. Decide tú mismo cuál de las aplicaciones puede ser la adecuada para ti y con la que te sientas más cómodo y consigue los mejores resultados.

LA MEDITACIÓN PUEDE SER MUY SIMPLE

La meditación se ha utilizado durante muchos años. Mucha gente piensa que se originó en los budistas. Pero la meditación existe mucho más tiempo que "solo" unos 2.600 años. Buda y el budismo han hecho una contribución decisiva para llevar la meditación al mundo. Se dice que los orígenes de la meditación se atribuyen a los libaneses (Drawidia es una parte del sur de la India). Durante unos 13.000 años, se dice que las meditaciones han existido. Así que, si la meditación ha existido durante tanto tiempo, ciertamente no es sin razón.

Cualquiera puede aprender a meditar, pero ¿sabes para qué sirve la meditación? Con la meditación regular puedes trabajar en tu relajación. Esto puede ser especialmente útil en situaciones difíciles. Si sabes cómo funciona la meditación, puedes reducir el estrés más rápidamente y mejorar tu concentración. No solo te beneficiarás en tu vida privada, sino que también para tu trabajo y éxito puede ser útil conocer técnicas de meditación para mejorar tu atención y concentración. El caos en tu cabeza puede ser resuelto mejor y tu forma de pensar se vuelve más clara en general. Con la ayuda de la meditación puedes conseguir un mejor acceso a los pensamientos ocultos y conocerte y aceptarte mejor a ti mismo. Puedes aprender a aceptarlo. Lo bueno de la meditación es que es completamente gratuita y no necesitas nada más que a ti mismo, un despertador, una silla y una habitación en la que tengas paz y tranquilidad. ¿Por qué no empezamos ahora mismo?

1. Encuentra un lugar tranquilo donde puedas ponerte cómodo y sin ser molestado. Apaga todos los factores perturbadores (teléfono móvil, campana, etc.). Llévate un despertador, tal vez tu teléfono móvil, pero luego ponlo en modo silencioso o de vuelo.

2. Pon el despertador a 10 minutos

3. Endereza la columna vertebral para que te sientas recto pero cómodo. Puedes imaginar que tu cabeza está

sostenida por una cuerda invisible. Pon tus manos en tu regazo y cierra los ojos para empezar.

4. Para relajarte aún más, haz diez respiraciones profundas.

5. Inspira durante los próximos diez minutos y ve cómo tu aliento fluye por la nariz hacia tu cuerpo y sale de nuevo. Mantén los ojos cerrados todo el tiempo. Si notas que tus pensamientos están vagando, gentilmente dirígelos de vuelta a tu respiración.

6. Si estás pensando ahora, ¿qué estoy haciendo aquí? Tales pensamientos son normales al principio, mantente respirando y concéntrate en ello hasta que los 10 minutos hayan pasado.

Y eso es básicamente todo lo que hay. Solo tienes que tomarte tu tiempo, tomarte un tiempo para ti mismo y tomarte un tiempo para relajarte. Intenta meditar regularmente para practicar. Si es posible, medita siempre en el mismo lugar, acostumbra a tu mente a descansar y apaga todos los factores perturbadores. Transfiere la paz y la relajación de tus meditaciones a tu vida cotidiana, trata de recordarla en situaciones difíciles, y así no reacciones inmediatamente a cada uno de tus pensamientos. Decide por ti mismo qué pensamiento merece una reacción, tú eliges.

Si quieres intensificar tu meditación, puedes vincularla con visualizaciones. Este tipo de meditación es especialmente adecuado para impulsar el cumplimiento de tus propios deseos. La paz y la relajación absolutas son requisitos básicos para que esta meditación funcione. Para ello necesitamos el llamado estado alfa, que se puede reconocer por las ondas cerebrales tranquilas (8 Hz a 13 Hz). Este rango de frecuencia describe la transición al sueño o incluso una ligera relajación. Podemos llegar a este estado a través de una cierta respiración, a través de yoga, mantra, cierta música de ondas alfa o similar. De nuevo, tienes que decidir cuál es el verdadero camino para ti. Hay música de ondas alfa gratis en Internet. Personalmente te recomendaría este método, ya que es el más sencillo para un lego en la materia. Elige tu música de inmediato y lo mejor es ponerse los auriculares para poder eliminar directamente el posible ruido de tu entorno. Una vez que hayas alcanzado un estado de relajación, comienza la visualización:

1. Crear tu ilusión, dirigir tu propia película interactuando con otras personas y tu entorno.

2. Toma tu propia perspectiva, es tu ilusión/visión, se trata de ti y tus deseos.

3. Ahora percibe tu entorno, ¿qué hueles? ¿Qué es lo que oyes? ¿Qué es lo que sabes y sientes y qué ves ante tu ojo interno?

4. Ahora elige una imagen de tu ilusión, esto debería recordarte tu ilusión cuando sea necesario. Sirve como una ayuda para la memoria y te recuerda tus pensamientos y sentimientos que asocias con tu ilusión. La imagen establece una conexión entre el presente y la ilusión.

5. Usa esta visualización e intégrala en tu vida cotidiana, usa los sentimientos de esta ilusión para fortalecer tu energía. Sentimientos como la felicidad y la alegría fortalecen tu vibración, úsalos.

AUTOHIPNOSIS PARA TU SUBCONSCIENTE

Pasemos ahora al tema de la autohipnosis. Para una hipnosis no siempre se necesita un médico / practicante alternativo, esto puede hacerse muy bien de forma independiente en casa. La hipnosis puede ayudarte a dirigir tus impulsos y sentimientos en la dirección que quieras que vayan. Dirige tus sentimientos o incluso tu comportamiento habitual hacia nuevas direcciones. Cuando alcanzamos el estado de hipnosis, estamos en el rango de las ondas theta de nuestro cerebro (4 a 8 Hz). Nuestro cerebro está en una especie de meditación o en una especie de sueño despierto.

En la hipnosis, la visión de las cosas puede ser cambiada y ajustada a nuestro favor. Piensa de antemano qué es exactamente lo que quieres lograr con la hipnosis. ¿Qué estado quieres cambiar y cómo quieres cambiarlo? Formula tus objetivos y deseos de forma positiva. Es importante que elimines todos los factores perturbadores y encuentra un lugar donde no se te perturbe. Empecemos con el ejercicio:

1. La transición de la percepción y la sugestión al trance

Siéntate cómodamente y cierra los ojos. Ahora, en el ojo de tu mente, mira un lugar y comienza a percibir las cosas a tu alrededor.

"Veo un lago, escucho un chapoteo. Siento un cosquilleo en mis brazos y piernas".

Una vez que hayas logrado percibir tres cosas, combínalas con una sugerencia:

"Siento un hormigueo en mis brazos y piernas y me sumerjo en un profundo trance".

Repite este paso una y otra vez. Conecta más y más sugerencias con tus percepciones hasta que llegues a un trance cada vez más profundo. Reconoces que estás en trance cuando tienes una fuerte sensación de relajación. Sentimientos, imágenes y recuerdos corren frente a los ojos de tu mente y tú los ves. Tu percepción del mundo exterior disminuye y tu sentido del tiempo cambia. Una vez que has alcanzado el estado de trance, recuerdas tus metas y deseos. No tengas miedo de este estado, estás en control de la situación y tiene la posibilidad de despertar del trance en cualquier momento.

2 Si eres mejor con las imágenes, el segundo ejercicio podría ser el mejor enfoque para que entres en trance:

Cierra los ojos e imagínate de pie en la cima de una torre. Ahora bajas lentamente las escaleras paso a paso y con cada paso entras más y más profundamente en un agradable y muy relajado trance. El trance se hace cada vez más profundo hasta que estás completamente relajado.

Decide por ti mismo cuál es la mejor opción para ti, prueba las dos. Si no encuentras que ninguna de las variantes te lleva a tu subconsciente, también puede prueba la hipnosis en línea. En canales como YouTube y también en muchos sitios de Internet hay hipnosis para las más diferentes áreas de la vida. Opcionalmente, muchos médicos alternativos también ofrecen métodos de hipnosis.

No tengas miedo de la hipnosis. Un buen practicante alternativo discute tus deseos y metas por adelantado y te explica cómo es exactamente el proceso de la hipnosis. También tienes el control en todo momento y puedes salir del trance si te sientes incómodo. Por favor, ten en cuenta que no debes probar la hipnosis (CDs o similares) mientras conduce un coche o maneja maquinaria pesada.

Ahora tienes que conocer muchas posibilidades con las que puedes penetrar solo y en casa a tu subconsciente. Todos estos ejercicios y herramientas pueden ayudarte a reprogramar tu mente subconsciente y a lidiar con tus pensamientos y los sentimientos resultantes. Con la ayuda de estos ejercicios puedes llevar tus energías y vibraciones a una frecuencia diferente y así fortalecerlas.

A continuación, llegamos a una enseñanza muy antigua de la India de hoy. Esto es muy especial y más adecuado para las personas muy espirituales, pero no quiero negarte esta enseñanza, porque es la piedra angular de muchos ejercicios que todavía se practican en el mundo hoy en día.

ENSEÑANZA DE LOS CHAKRAS. ¿CÓMO SE ABREN LOS CHAKRAS?

Las enseñanzas sobre los chakras ya formaban parte de la cultura/religión védica (la religión demostrable más antigua de la India), cuyo origen se estima en torno al año 1500 a.C. a través de los llamados Upanishads (colección de textos que contienen la filosofía y el misticismo de los Vedas) esta enseñanza se transmitió a la cultura hindú. Los Upanishads son acerca de la iluminación y el conocimiento y cómo lograr la libertad espiritual. La palabra Upanishad se compone de las siguientes partes:

- u = en, cerca de, a

- pa = pie, pies

- nishad = sentado, en cuclillas

La interpretación de la palabra se refiere a la instrucción que el maestro/gurú da a su estudiante, lo instruye en la enseñanza esotérica.

Los Upanishads son la fuente del yoga tan popular hoy en día, la enseñanza se ha extendido a lo largo de los siglos a toda la región de Asia Oriental. La enseñanza dice que tenemos campos de energía invisibles en nuestro cuerpo, que están inundados con la energía vital (llamada prana o qi). De acuerdo con esta enseñanza, hay un total de 7 campos de energía principales que transforman nuestra energía vital en diferentes formas de energía. Estos 7 campos energéticos principales se llaman chakras (singular: chakra). Estos 7 chakras se muestran con una imagen y un color asignado. Uno se imagina a los chakras como vórtices de energía en rotación y cada uno de estos vórtices de energía en rotación tiene su propia frecuencia, se asocia con una cierta área del cuerpo y por lo tanto tiene que realizar tareas individuales. Así que se puede decir que cada chakra es responsable de su respectiva forma de energía.

La energía vital (Prana o Qi) es un tipo de energía cósmica. Recordamos la energía sutil, que no puede ser medida, pero que es en parte responsable de la vida en nuestra tierra. Estos chakras penetran en nuestro cuerpo en un sentido físico y lo conectan con nuestro cuerpo energético/mental, también llamado cuerpo astral o cuerpo sutil, muchos lo llamarían quizás alma. Si todos los chakras están abiertos, hay un flujo de energía sin restricciones en nuestro cuerpo. En este caso, tanto nuestro bienestar físico como mental están absolutamente intactos. Sin embargo, si hay bloqueos dentro de estos chakras, que pueden ser los mismos que los explicados en los otros métodos, el flujo se detiene y nuestra energía ya no puede fluir sin ser perturbada. Este desequilibrio mental hace que ya no estemos en armonía con nosotros mismos y ciertas áreas de nuestro cuerpo e incluso nuestra vida entera puede verse afectada.

También en esta área, nuestros propios pensamientos son decisivos para el desarrollo de los llamados bloqueos de chakra. La vida que vivimos y nuestro estado de conciencia presente, pasado y futuro son meramente los productos de nuestros pensamientos y nuestra mente. Todo esto nos ha convertido en el pueblo que somos, que una vez fuimos y seremos. Y ahora volvemos a nuestra ley de la atracción. Si nuestros chakras están bloqueados, esto no significa otra cosa que bajar nuestra propia frecuencia de vibración y la rotación de nuestros chakras disminuye. Pero, ¿qué nos aporta la enseñanza del chakra ahora concretamente para nuestra vida? La enseñanza de los chakras es una hermosa ilustración para buscar nuestro significado personal de la vida. Si integras estas sabidurías en tu vida, no solo ayudan a desarrollar nuestra personalidad, sino que también pueden ayudarnos a vivir una vida feliz y plena.

Pasemos ahora al primer chakra, el chakra de la raíz. Aquí comienza nuestro desarrollo. Representa el plano físico, está situado en el extremo más bajo de nuestra columna vertebral y el color rojo aquí simboliza la conexión con la tierra y la satisfacción de nuestras necesidades básicas. Proporciona estabilidad y seguridad en nuestras vidas y libera energía física. Si tu chakra radicular está bien desarrollado, tienes un cuerpo resistente y saludable y puedes cuidarte bien. Si tienes debilidades aquí, podrías ser débil y enfermizo. Las personas con chakras radiculares débiles a menudo tienen preocupaciones sobre el futuro o el dinero. El bloqueo aquí es causado por la sensación de miedo. Si quieres abrir este chakra, hazte las siguientes preguntas: ¿Cuáles son tus mayores temores? ¿En qué áreas de tu vida tienes que luchar por la supervivencia? Permite que tus miedos se aclaren y déjalos ir.

Ahora vayamos al chakra sacro, el color naranja representa este chakra. Representa el nivel emocional dentro de nosotros, se encuentra en nuestro sacro. Aquí se procesan nuestros sentimientos y se libera nuestra energía emocional. Si tienes tus sentimientos bajo control y disfrutas de tu vida llena de alegría, tu chakra sacro está seguro en armonía. ¿Tus sentimientos te deprimen, estás desganado y te sientes insatisfecho? Entonces se puede asumir que tienes un bloqueo aquí. El sentimiento que causa este bloqueo es la culpa. Para abrir este chakra, las siguientes preguntas pueden ayudarte: ¿De qué te culpas y de qué te sientes culpable? ¿En qué situaciones te sientes indigno? Considera todas las cosas que te agobian. Permite los sentimientos y luego déjalos ir. Piensa en lo que ha pasado, ha pasado. Perdónate.

El siguiente es el chakra del plexo solar. Está situado en la región abdominal y el color amarillo representa este chakra. Este chakra genera nuestra fuerza de voluntad. Es responsable de nuestras acciones y nuestra determinación. Si te desarrollas bien aquí, siempre sabes exactamente lo que tienes que hacer y lo haces todo con toda la fuerza y convicción. Si tienes debilidades aquí, tendrás dificultades para poner tus palabras en acción. Este chakra está bloqueado por la vergüenza. Si quieres abrir este chakra, pregúntate: ¿De qué te avergüenzas? ¿Qué es lo que más te ha decepcionado de ti mismo? ¿Dónde has experimentado las derrotas? Deja todo esto.

Ahora llegamos al chakra del corazón, el color verde (brillante) ha sido asignado a este chakra. Representa nuestro nivel social, que lo conecta todo. El chakra del corazón está naturalmente al nivel de nuestro corazón. El poder de este chakra es el amor que está dentro de nosotros. Nos conecta con nuestra sociedad. Somos más fuertes y más inteligentes en la comunidad. Si tienes un buen ambiente social y te resulta fácil hacer contactos, ciertamente no tienes defectos aquí. Si es exactamente lo contrario y te sientes aislado y solo, tienes debilidades aquí. El chakra del corazón está bloqueado por el dolor. Si quieres abrir este chakra, pregúntate esto: ¿Qué es lo que te molesta? ¿Qué pérdidas llevas contigo que no has procesado? ¿Qué te pone triste? Deje ir toda la tristeza y las pérdidas.

El chakra de la garganta, de color azul claro, que se encuentra naturalmente en la garganta, simboliza el nivel de comunicación. Se trata de la verdad. Las palabras tienen un gran poder. Pueden animar y entristecer a los demás. Puedes usar las palabras para hacer que la gente cambie el mundo. Los que tienen debilidades aquí tienen dificultades para comunicarse y expresarse adecuadamente. La expresión del alma está así bloqueada, por así decirlo. Este chakra está bloqueado por las mentiras. Si quieres abrirlo, hazte las siguientes preguntas: ¿Dónde te niegas a ti mismo? ¿Dónde pretendes ser alguien más que tú? ¿Dónde no te tratas con honestidad? ¿Por qué no te mantienes al margen? Acéptate tal como eres.

Vayamos a nuestro sexto chakra, el chakra de la frente o también llamado tercer ojo. Esto representa el nivel mental y la perspicacia. Se encuentra en el centro, justo encima de las cejas. Un azul oscuro representa este chakra. Aquí es donde surgen nuestros pensamientos, que son responsables de todas nuestras acciones. Aquí el instinto se convierte en intelecto y el intelecto en intuición. El poder mental que obtenemos del poder de nuestra mente. Al repetir y dar forma a nuestros pensamientos constantemente, atraemos la vida que imaginamos en nuestras visiones. Las ilusiones y la envidia pueden bloquear este chakra. Si quieres abrirlo, ten en cuenta que nuestra mayor ilusión es la de la separación. Si piensas que todos nosotros y todo en el universo es completamente diferente, estás equivocado. Todos somos uno y el mismo. Todos somos uno, pero vivimos como si estuviéramos separados unos de otros. Todo está conectado. Así que pregúntate, ¿de qué te estás aislando? ¿Dónde te diferencias y por quién o qué sientes envidia?

Ahora llegamos a nuestro último chakra, el chakra de la corona. Este se muestra en un violeta profundo y se sienta directamente en nuestro vértice. Si abres tu corazón y tu mente, te darás cuenta de que todo es uno. Aquí es donde surge la energía espiritual, que percibimos en forma de fe. No se trata de la fe religiosa, sino de la fe que representa lo que realmente somos, lo que pensamos que somos y en lo que creemos que nos estamos convirtiendo. Así que sea lo que sea que creas, esto determinará nuestra vida. A través de una fe más fuerte en nosotros mismos podemos sacar lo mejor de nosotros mismos. Este chakra se ocupa de las energías cósmicas, los apegos terrestres pueden bloquearlo. Si quieres abrir este chakra, pregúntate a qué estás apegado, a qué te has apegado y qué te sostiene. Suéltalo y deja que la energía cósmica fluya a través de ti y para ti.

Debes darte cuenta de que dejar ir no significa perder a alguien o algo. Muy pocas personas son capaces de soltar este chakra porque este es el nivel más difícil. Sin embargo, se dice que aquellos que logran abrir y limpiar todos los chakras son capaces de conectarse con su ser superior. Tienen un control absoluto sobre su conciencia y sus acciones.

La enseñanza de los chakras requiere mucho coraje y voluntad y esto es muy espiritual. La meditación es una buena manera de llegar a tus chakras, pero también hay cursos que pueden enseñarte las enseñanzas de los chakras.

Apoyando la meditación hay unos llamados mudras. Estas son las posiciones de las manos que probablemente ya conoces de algunas esculturas o cuadros de Buda. Son gestos que están destinados a dirigir el flujo de energía. Estos gestos se pueden aprender bastante bien con la ayuda de videos en línea, ya que los mudras no están todavía muy extendidos en este país y solo unos pocos entrenadores/maestros los han dominado.

Ayuda desde el exterior - otros métodos de tratamiento que pueden ayudarte

No es fácil elegir el adecuado para ti entre las muchas posibilidades. Si no se logra un verdadero éxito con los ejercicios anteriores, puede tener sentido obtener ayuda del exterior. Hoy en día hay un gran número de practicantes alternativos que están familiarizados con los más diversos métodos. A continuación, te presentaremos otros tres métodos que, sin embargo, no siempre pueden realizarse de forma independiente sin un médico, un médico alternativo o un formador.

APRENDER LA CURACIÓN THETA

¿Seguro que recuerdas el capítulo sobre los ritmos binaurales? En este capítulo has aprendido algo sobre las diferentes bandas de frecuencia que podemos asignar a los diferentes estados de conciencia con la ayuda del EEG. Volveré a resumirlos brevemente para ti:

- Ondas delta (0.5 a 4 Hz) - esta es la fase de sueño profundo o un trance

- Ondas Theta (4 a 8 Hz) - es una especie de meditación o un sueño despierto

- Ondas alfa (8 a 13 Hz) - en este rango estamos en transición hacia el sueño o en un estado de relajación de luz

- Ondas beta (13 a 38 Hz) - en este rango un adulto está en estado de vigilia

Las ondas theta nombradas aquí juegan un papel decisivo en nuestro siguiente procedimiento, la Curación Theta, llamada así por estas ondas.

La Curación Theta es una marca registrada de la descubridora de la Curación Theta, Vianna Stibal, que es ella misma una naturópata, curandera intuitiva y masajista. Afirma que se ha curado a sí misma con este método. Es un método de curación energética. Se lleva a cabo con un llamado entrenador, pero uno puede imaginar todo el asunto como una técnica especial de meditación. La técnica aplicada lleva al cerebro a un profundo estado theta. El objetivo es llevar el cuerpo, la mente y el alma a la armonía. En los seminarios se puede aprender cómo entrar en este estado de conciencia y cómo trabajar conscientemente en este estado. Toda persona espiritual, sin importar si cree en Dios, un creador o simplemente en un poder superior, puede aprender la Curación Theta.

CHINA TRADICIONAL MEDICINA (TCM) - ACUPUNTURA

La Medicina Tradicional China se ve a sí misma como un método de curación holístico, lo que significa que nuestro organismo debe ser considerado como una unidad orgánica y que la relación entre la naturaleza y el hombre también debe ser considerada como una unidad - se supone que nuestros órganos individuales están conectados por los meridianos (Jing-Luo). La teoría básica más importante de la Medicina Tradicional China es la del Yin y el Yang - todo en el mundo, es decir, todas las cosas y todos los seres vivos, tienen Yin y Yang. El Yin y el Yang significa que uno es al mismo tiempo un contraste y un complemento, la interacción de estos dos aspectos debería por lo tanto representar el origen de la creación. En resumen: Nuestro bienestar depende fuertemente del equilibrio del Yin y el Yang.

La Medicina Tradicional China (MTC para abreviar) consiste en un total de cinco métodos de tratamiento. Estos métodos de tratamiento pueden utilizarse individualmente o en combinación. Hoy en día, muchos médicos generales los consideran un muy buen complemento de la medicina convencional, por lo que cada vez más médicos se están formando también en la Medicina Tradicional China. La MTC consiste en los siguientes cinco procedimientos (también llamados pilares):

1. Acupuntura y moxibustión

2. los medicamentos (CAT)

3. los ejercicios de coordinación (Qigong y Taiji)

4. El masaje (Tuina)

5. la dieta

Pasemos a la acupuntura. La acupuntura es probablemente el método de tratamiento más conocido de la Medicina Tradicional China, probablemente también porque este método también es utilizado por muchos médicos y naturópatas en este país hoy en día y también se está haciendo cada vez más popular. La acupuntura puede ayudarnos más eficazmente a encontrar rápidamente el camino de regreso a nuestras energías, por eso queremos concentrarnos en este método de tratamiento especial. Después de una anamnesis extensa por el terapeuta, el paciente puede activar sus propios poderes de curación con la ayuda de pequeñas agujas. Esta técnica de más de 4.000 años de antigüedad tiene el efecto de que nuestro organismo es estimulado por la punción en puntos definidos del cuerpo humano para entrar en su equilibrio. El flujo suave de la energía vital interna debe ser restaurado por la acupuntura, en China esto también se llama Qi. La energía vital "Qi" fue interpretada en Occidente como energía eléctrica. A través de exámenes electrofisiológicos de los puntos de acupuntura, se encontró que la resistencia de la piel en estos puntos es menor que la resistencia de la piel circundante. Según los expertos, el efecto de la acupuntura se basa en la liberación de sustancias antiinflamatorias como la cortisona, pero también de endorfinas. Además, las agujas deberían tener un efecto positivo en el sistema inmunológico. El método de acupuntura es casi indoloro, se realiza en una posición cómoda y relajada, es decir, tumbado o sentado, y las agujas normalmente permanecen en el cuerpo durante unos 30 minutos. Hoy en día también hay acupunturas - principalmente acupunturas de oído - que pueden y deben ayudarnos a dejar de fumar, reducir el estrés o perder peso. Con las acupunturas de oído estas agujas insertadas permanecen en el cuerpo por un período de tiempo más largo (hasta 10 días). Se trata de agujas especiales muy pequeñas que apenas se notan y están cubiertas con un pequeño yeso para protegerlas. La acupuntura básicamente trata a la persona en su totalidad y no solo los síntomas individuales que pueden haberse desarrollado en una parte del cuerpo completamente diferente. La acupuntura puede utilizarse para enfermedades agudas o infecciosas, así como para enfermedades internas y crónicas. A continuación, se presentan algunas áreas en las que se puede aplicar la acupuntura:

- Dolor del sistema locomotor

- Las quejas menstruales

- Dificultades respiratorias

- Depresiones

- Trastornos vegetativos y neurológicos

- Alergias

- Dermatología

- Enfermedades autoinmunes

- Enfermedades hormonales

- enfermedades gastrointestinales

- enfermedades del sistema cardiovascular

- Enfermedades metabólicas

- Pediatría, etc.

Como verás, las áreas de tratamiento son muy extensas. Así que si, a pesar de todos los métodos y ejercicios anteriores, todavía sientes que hay un bloqueo en tu cuerpo que impide el flujo de tus energías, la acupuntura podría ayudarte a restaurar tu Qi.

TERAPIA CRANEOSACRAL

En la primera mitad del siglo XX, la osteopatía se desarrolló en los Estados Unidos como una nueva forma de tratamiento manual y orientado al cuerpo en el campo de la medicina alternativa. Desafortunadamente, solo hay unos pocos estudios sobre esta forma de terapia. Lo que es seguro es que los humanos tenemos un fluido que protege, mueve y nutre nuestro sistema nervioso desde el cráneo (cráneo) hasta el sacro. La Terapia Cráneo-Sacral construye su terapia sobre esta misma base, trabaja con el llamado ritmo craneosacral. Teóricamente, este ritmo se extiende por todo nuestro cuerpo a través de nuestro tejido conectivo y por lo tanto se puede sentir en todas partes.

Un terapeuta del movimiento puede armonizar, apoyar y utilizar este movimiento rítmico para liberar la tensión, las restricciones de movimiento o el dolor. Como resultado, nuestras funciones vitales se estabilizan y nuestro sistema inmunológico se fortalece. Nuestros poderes de autocuración pueden ser activados. La terapia se aplica en el área psicológica, emocional y física. Esta forma de terapia podría ser especialmente de apoyo en el caso de dolencias físicas que todavía persisten, tal vez podrías considerar esto.

Consejos para recordar el entrenamiento diario

No importa cuál de estos métodos te atraiga, es importante que siempre estés atento. Practica diariamente, recordando tus intenciones positivas cada día, para asegurarte de no volver a caer en los viejos patrones de pensamiento y comportamiento.

Con el método del mapa mental puedes visualizar tus pensamientos y sentimientos con la ayuda de imágenes y palabras clave. Esto puede ayudarte a romper estos viejos pensamientos y patrones de comportamiento. Si escribes tus pensamientos y sentimientos, serás capaz de comprenderlos mejor y darles nueva forma.

Tal vez creas una pizarra de visión. Esto representa tus metas y tus sueños. Este collage de imágenes y también afirmaciones sobre ti mismo y tus deseos y metas pueden motivarte y ayudarte a conseguirlos. Los estudios demuestran que lo que se ve, es decir, se visualiza, tiene un efecto mucho mayor que lo que solo se piensa. Así que visualiza con hermosas imágenes que te atraigan, o con sabiduría que escribas, y recuerda siempre mantenerte positivo en tu formulación.

Palabras finales

Con el conocimiento de que hay muchas maneras de alcanzar y reformar su subconsciente, espero que hayas descubierto tu propio método o métodos personales y los utilices en el futuro. Recuerda siempre que tu subconsciente es la clave del éxito. Hay que trabajar diariamente en la resolución de viejos problemas del pasado y no dejar que surjan otros nuevos. Sé el maestro o la señora de tus pensamientos y sentimientos, no dejes nada o al menos al azar y resuena con la gente y las cosas que son importantes para ti y buenas para ti. Aprende a mantener las cosas negativas fuera de tu vida, y así atraer más de lo que quieres y menos de lo que es dañino para ti y lo que realmente no quieres en tu vida. Con la atención que se le preste, llegarás a conocerte mejor a ti mismo y a tus hábitos y reaccionarás más rápido y con más calma a las situaciones que puedan haberle agobiado de alguna manera en el pasado. Usar el conocimiento de otras culturas. ¿Por qué no deberíamos copiar algo que ha funcionado bien durante siglos?

Sé equilibrado y feliz y reconsidera un poco la forma occidental de pensar orientada a la mente, entonces aprenderás de nuevo a escuchar tu interior y a vivir en armonía contigo mismo. Es importante que te tomes tiempo para tus necesidades y dejes a los demás atrás. Porque si su energía interna fluye sin ser perturbada, te sentirás bien y tu bienestar físico y mental estará en su nivel más alto. Confíe en otro poder invisible que no puede ser comprendido y no puede ser explicado completamente. ¡La ley de la atracción funciona! Y ahora también sabes cómo funciona y cómo puedes usarlo para ti mismo. Empieza hoy y nunca lo olvides:

"Lo que es igual atrae a lo que es igual".

IMPRESIÓN

Copyright © 2020 Elisabeth Ziegler

Todos los derechos reservados.

La reimpresión, incluso parcial, está prohibida.

Ninguna parte de esta obra puede ser

reproducida, duplicada o distribuida en cualquier forma

sin el permiso escrito del autor.

Contacto: representado por Thomas Mayrhofer, Franz Josefstraße 38/2/9, 2344 Maria Enzersdorf

DESCARGO DE RESPONSABILIDAD

El contenido de este libro fue revisado y preparado con gran cuidado. Sin embargo, no se puede dar ninguna garantía para todos los contenidos. El autor no puede asumir la responsabilidad de ningún daño de ningún tipo por ningún motivo legal. Por lo tanto, el autor no asume ninguna responsabilidad legal por daños autoinducidos de naturaleza material o idealista y por errores, así como por aplicaciones erróneas del lector. Por lo tanto, también se excluye toda reclamación legal y de daños y perjuicios. La responsabilidad de la información mencionada en el libro recae únicamente en el propio lector.

COPYRIGHT

Todos los contenidos de esta obra, así como la información, consejos y estrategias creados por el autor están sujetos a derechos de autor. Todos los derechos reservados. La duplicación, el procesamiento, la distribución por sistemas electrónicos y el almacenamiento, así como la reproducción y la reimpresión, incluso en parte, requieren el consentimiento escrito del autor. El contenido no puede ser publicado bajo ninguna circunstancia. Las copias de este trabajo también están prohibidas. Se emprenderán acciones legales en caso de uso indebido.

Made in United States
Orlando, FL
25 November 2025

73154415R00118